Abdullah Yıldız

Adana'nın Kozan ilçesinde doğdu. Adana İmam Hatip Lisesi ve ardından Konya Selçuk Eğitim Enstitüsü'nden mezun olduktan sonra 22 yıl öğretmenlik yaptı. Çalışmaları "Kur'ân Araştırmaları" ve "Tarih Felsefesi" üzerinde yoğunlaşıyor. Halen Vakit gazetesinde yazıyor. Aylık Umran dergisinin sahibi ve yöneticisidir.

Diğer Eserleri

Namaz / Bir Tevhid Eylemi

Tarih Bilinci

Kur'ân'ı Anlamaya Giriş / Kur'an'ı Anlamak Farzdır

28 Şubat Belgeler

Meşrutiyetten Cumhuriyete İktidar Kavgaları ve Sanal İrtica

Söylem'den Eyleme'e Duâ

Kur'an'ın Hayata Müdahalesi (Ed.)

21. Yüzyılda İslam'ın İmkanları (Ed.)

Yusuf'un Üç Gömleği

Yol Haritamız Kur'an

Ramazanla Dirilmek

Haydi Namaza

Abdullah Yıldız'dan

Sermin, Ramazan, Muhammed'e
Namazla hayatını
süslemesi duası ile
23-10-2011

PINAR YAYINLARI

pınar yayınları: 206
genç öncüler kitaplığı: 3
Haydi Namaza-Abdullah Yıldız

ısbn 975-352-242-8

dördüncü basım: **ağustos 2009**

kapak tasarım: sezer erdoğan **uygulama**: pınar **dizgi-içdüzen**: pınar
baskı-cilt: karmat matbaacılık

pınar yayınları
büyük reşitpaşa cd. no: 22/16 vezneciler istanbul
tel: (0212) 640 01 22 - 520 98 90
faks: (0212) 527 06 77 - 640 01 25
bilgi@pinaryayinlari.com

www.pinaryayinlari.com

İçindekiler

3. BÖLÜM

4. BÖLÜM

5. BÖLÜM

Sunuş

Sevgili gençler!

Bir Müslüman genç olarak, namaza bakışınızı ve namazla ilişkinizi hiç sorguladınız mı?

Namazlarınızı dosdoğru, devamlı ve huşû içinde yani bilinçli olarak kılabiliyor musunuz?

Yoksa, namazlarınızı savsaklayıp ihmal ediyor yada âdet yerini bulsun diye, sadece üzerinize bir borç olduğu için mi kılıyorsunuz?

"Yazıklar olsun o namaz kılanlara; ki onlar kıldıkları namazdan habersizdirler." (Mâûn 107/4-5) âyetini okuduğunuzda irkilerek, "Acaba kıldığım namazlardan haberdar mıyım?"; "Yoksa ben de Rabbimin *'yazıklar olsun!'* dediği kimselerden miyim?" diye kendi kendinizi yargıladınız mı hiç?!

Niçin namaz kıldığınızın, namazda neler söylediğinizin, Allah'a hangi konularda söz verdiğinizin farkında mısınız?

Namazdaki kıyâmın, rükûun, secdenin, teşehhüde oturmanın ne anlama geldiğini biliyor musunuz?

Kıldığınız namazlardan manevi bir tat alabiliyor musunuz?

Namazda Allah'ın adını zikredip âyetlerini okurken kalpleriniz titreyip tüyleriniz ürperebiliyor mu? Ara sıra da olsa gözleriniz yaşarabiliyor mu?

Namazlarınız sizi çirkin ve kötü davranışlardan alıkoyabiliyor mu?

Sevgili gençler!

Bu can sıkıcı, fakat bir o kadar da *can alıcı* sorular listesini daha da uzatmak mümkün. Ama asıl mesele, Rabbimizle kulluk ilişkimizin en önemli göstergesi olan namazlarımızı yeniden gözden geçirmektir.

Peki, bizler, îman edenler olarak, namazlarımızı kendimizden başlamak sûretiyle yargıladığımızda, şöyle bir manzara ile karşılaşmaz mıyız?

Maalesef bugün Müslümanların önemli bir bölümü, namaz bilincinden yoksun bulundukları için ya namazlarını terk etmekte ya ara sıra kılmakta ya da savsaklamaktadır. Düzenli ve sürekli namaz kılıyor olanların büyük bir kısmı da, maalesef, şekilsel ve geleneksel bir alışkanlık olarak namaz kılmaktadır: Ne anlama geldiği bilinmeden dil alışkanlığı ile tekrar edilen kelimeler, duâ ve sureler; niçin yapıldığı düşünülmeden yerine getirilen bedensel hareketler, manevi bir haz duyulmadan her gün biteviye tekrarlanan rutin bir işlem... Nafileleri kaçırmayayım derken terk edilen farzlar, kıraat kurallarını tam yerine getireyim derken perdelenen mânâ ve şekle önem vereyim derken kaybolan derinlik... Ne kalbî huzûr ve huşû, ne ruhî dinginlik ve sükûn, ne uhrevî duygu ve düşünce ve ne de manevi bir lezzet... Maalesef, sıkıcı, bıktırıcı, hiçbir çekiciliği ve canlılığı olmayan, 'yatıp kalkma' türünden 'zorunlu' bir ibadet... Adeta bir yük, bir angarya, zoraki bir görev... Bazen de anne-baba korkusu veya çevre baskısı ile 'ayıp olmasın' için yerine getirilen bir gösteri...

Böyle olunca da, kolaylıkla terk edilebilen, olsa da olan, olmasa da olan, insan hayatında hiçbir belirleyiciliği ve olumlu etkisi görülmeyen, yavan, kupkuru bir işlem düzeyinde kalıyor namaz...

Sevgili gençler!

İşte böyle bir namaz, mümin kişiliğin ve de toplumun inşasında etkin olamamakta; onları canlı, dinamik, aktif, erdemli kişilikler ve dengeli, uyumlu, güçlü bir toplum haline getirmeye yetmemektedir!

Kur'ân ve sünnetin öngördüğü namaz, mümini günde beş kez manen yenileyen bir devrim olması gerekirken; günümüz Müslümanlarının içi boşalmış namazları böyle bir değişime yol açmamaktadır.

Kur'ân'ın tanımladığı namaz, müminleri çirkin ve kötü şeylerden alıkoyması gerekirken; günümüzün işte böyle namaz kılan Müslümanları *fahşâ*(çirkin) *ve münker*(kötü) olan şeylerle barışık yaşayabilmektedir.

Kur'ân'ın örnek verdiği Şuayb aleyhisselâmın namazı gibi, müminlerin dosdoğru kıldıkları namaz onları, hayata müdahale eden aktif özneler haline getirmesi gerekirken; günümüz Müslümanlarının dünyadan el-etek çekme yanılsamasıyla kıldıkları namaz, onları çağımızın pasif nesneleri haline getirmektedir.

İşte bu kitap; siz sevgili gençlerin şahsında tüm günümüz Müslümanlarının -maalesef- içi boşalmış namazlarının içini doldurmaya, onların kıldıkları namazlardan 'haberdar' olmalarını sağlamaya ve dosdoğru, gereği gibi namaz kılmalarına katkıda bulunmaya yönelik bilgi ve yorumlar içermekte; Kur'ân'ın tanımladığı, Allah Rasûlü(s.) ve ashabının kıldığı namazları yakalamak için **"haydi namaza!"** demektedir!

1. BÖLÜM
Kulluk ve Namaz

Yaratılış Amacımız: Kulluk/İbadet

İnsanoğlu boş yere yaratılmamıştır; bir *yaratılış gayesi*, bir *varlık sebebi* vardır. Kur'ân, insanın kendi haline ve başıboş bırakılmayacağı gerçeğini ısrarla vurgular.(44/38; 23/115)

"Göğü, yeri ve bunların arasında bulunan şeyleri *boş yere yaratmadık.*" (Sâd 38/27)

"İnsan kendisinin *başıboş* bırakılacağını mı sanıyor?" (Kıyamet 75/36)

Allah, insanı, yeryüzünde kendi emirlerini ve yasaklarını uygulamaya ve tebliğe memur bir *halife* olarak yaratmıştır.

"Hani Rabbin meleklere '*Ben yeryüzünde bir halife yaratacağım.*' demişti." (Bakara 2/30)

Yaratılanların en şereflisi (*eşref-i mahlukat*) olan insanın, yeryüzünde *"Allah'ın halifesi"* olarak görevlendirilmesi, ona birtakım sorumluluklar yükler. Yeryüzü ve içindekiler tümüyle insanoğlunun emrine verilmiştir; ama o bunları dilediği gibi kullanma yetkisine sahip değildir. Kendisini *halifelik* makamına getiren Rabbinin emir ve yasaklarına kesin olarak uymak, hayatını O'nun koyduğu kurallara göre düzenlemek, emrine verilen her şeyi O'nun rızasına uygun olarak değerlendirmek zorundadır. Aksi halde, Rabbine karşı nankörlük yapmış ve ihanet etmiş olur.

İşte; insanın yaratılış gayesi, Allah'ın emir ve yasaklarına mutlak manada itaat demek olan *ibadet*tir, ihanet değil...

"Ben cinleri ve insanları, ancak bana *kulluk (ibadet)* etsinler diye yarattım." (Zâriyât 51/56)

Demek ki; insan, yeryüzünde Allah tarafından *"halife"* olarak yaratılmıştır ve görevi de O'na *kulluk/ibadet* etmektir. ***"Lâ ilâhe illallah**: Allah'tan başka ilâh yoktur"* cümlesinde ifadesini bulan tevhîd akîdesine îman eden bir Müslüman, Allah'a kulluk etme görevinin bilincine ermiş olmalıdır. Kulluk/ibadet; "abd"(köle) kökünden gelir ve kulun Rabbine gönülden boyun eğip itaat etmesi, kalbi Allah sevgisi ile dolup taşarak O'nun emirlerine sıkı sıkıya bağlanması, nimetlerine karşı minnet ve şükürde bulunması anlamlarına gelir.

Allah'a kulluk etmesi gerektiğinin bilincine ermeyen insan, başka varlıkların hatta kendi nefsinin esiri, kulu/kölesi haline gelebilir. Tevhid akîdesine inanıp yalnızca Allah'a kulluk/ibadet eden bir mümin, paranın, şehvetin, mîdenin, modanın kulu olma, kula kul olma zilletinden kurtulur; **gerçek özgürlüğe** kavuşur. Hz.Peygamber(s.)'in, "*Dinarların kulu* yüzüstü sürünüp helak olsun! *Şatafatlı elbiselerin kulu* yüzüstü sürünsün! *Mîdesinin kulu* yüzüstü sürünsün ve helak olsun!.."[1] hadisinde olumsuzladığı kulluk türleri, yalnızca Allah'a gerçek anlamda kulluk/ibadet etmekle ortadan kalkar.

Rabbimiz, başka varlıklara değil, yalnız kendisine kul olduğumuzu sürekli hatırlamamız ve O'nunla kulluk sözleşmemizi her gün yenilememiz için, bize beş vakit namazı emretmiştir.

Önce Tevhid, Sonra Namaz

İslâm'ın ilk farzı tevhîd akîdesine *îman*, ikinci farzı da *namaz*dır. Zira namaz, tevhîd inancının eyleme dökülmesidir, zorunlu ve pratik bir gereğidir.

Peygamberimize ilk inen Alak sûresi '*Oku!*' emriyle başlar; aynı sûrenin son âyeti ise *secde*yi emreder. İkinci olarak nazil olan Müddessir sûresinin ilk beş âyetinden üçüncüsü *"Rabbini tekbir et"* diye emreder: Rabbini büyük tanı ve Rabbinin büyüklüğünü bildir, söyle! Bu emir namazın temeli ve esasıdır. Dolayısıyla, İslâm'da ilk farz kılınan ibâdet **namaz**dır.

Allah(c.c) "Kitab'a sımsıkı sarılan" salih müminlerin ilk özelliğini "*namaz*ı dosdoğru kılanlar" (A'râf 7/170) olarak tanımlar. Aynı şekilde; "Eğer tevbe ederler, *namazı kılarlar* ve zekatı verirlerse, dinde sizin kardeşlerinizdirler."(Tevbe 9/11) "*İman* eden kullarıma söyle: *Namaz*ı kılsınlar." (İbrahim 14/31) âyetlerinde de îmanın ilk göstergesi olarak namaz zikredilir.

Allah Rasûlü(s.) de, tevhid'den sonra namazı, sonra da diğer ibadetleri emretmiştir:

"İslâm beş şey üzerine bina edilmiştir: Allah'tan başka ilah olmadığına ve Muhammed'in Allah'ın Rasûlü olduğuna *şahadet etmek, namazı ikame etmek*, zekatı vermek, Beyt'i haccetmek ve Ramazan orucu."[2]

Muaz bin Cebel'i(r.a) Yemen'e vali olarak gönderen Rasûlül-lah(s.); kendisine, onları önce *tevhid*'e davet etmesi, bunu kabul etmeleri halinde ise *beş vakit namazı* emretmesi talimatını vermiştir.[3]

Yine Hz.Rasûl(s.), ashabından, önce *namazı dosdoğru kılmaları*, sonra *zekatı vermeleri*, daha sonra da *bütün Müslümanlara nasihat etmeleri* konusunda biat/söz almıştı.

Günde beş vakit Allah'ı birleme eylemi olan namaz bütün ibadet biçimlerinin bir sentezi gibidir. Allah'ı zikredip tesbih etmek (*'Sübhânallah'* vb. ifadelerle O'nu noksan sıfatlardan uzak bilmek), tekbir etmek (*'Allahu ekber'* vb. diyerek O'nu büyüklüğünü ifade etmek), çeşitli ifadelerle O'nu yüceltmek, O'na yönelip hamd, şükür ve övgüde bulunmak, günahlarımız için tevbe edip bağışlanma dilemek, sadece O'ndan yardım istemek; ihtiyaçlarımızı, sorunlarımızı O'na arzedip duâ ve niyazda bulunmak, yalvarmak, yakarmak, huşûa ermek, tefekkür etmek... hepsi namazın birer parçası ve temel öğeleridir.

İbadetlerin Sentezi ve En Faziletlisi

Namaz, tüm yaratıkların ibadet biçimlerini kendisinde toplar. Kıyam eden, rükû ve secde eden meleklerin ibadetleriyle canlı ve cansız bütün varlıkların ibadetleri, hamdleri/şükürleri, tesbihleri (17/44; 22/18) namazda toplanmıştır. Yıldızlar, devamlı olarak yörüngelerinde hareket etmek sûretiyle Allah'ı tesbih ederler; namazda belli hareketler sürekli tekrarlanır. Dağlar dimdik ayakta durarak O'nu zikrederler; namaza ayakta dikilerek, kıyamla başlanır. Hayvanlar sürekli eğilmiş durumda kendi dillerince Allah'a hamd ederler; namazda ikinci hareket eğilme/rükûdur. Ağaçlar gıdalarını kökleriyle alırlar, yani devamlı secde halindedirler; namazda üçüncü hareket, alnını toprağa koyarak secde etmektir. Akan su devamlı surette yıkar ve temizler; namazdan önce abdest alınır...

Namaz, sadece şekilden ibaret bir hareketler bütünü değildir; o, bedenin, aklın ve kalbin katılımıyla gerçekleştirilen mükemmel bir ibadettir. Bu üç unsurun her biri dengeli bir şekilde ve yerli yerinde namazda temsil olunurlar: Beden için kıyam, rükû, secdeler, dikilme ve eğilme; dil için kıraat, tesbih, zikir ve duâ; akıl için düşünme ve anlama; kalp için de huşû ve manevi lezzet...

Ayrıca bütün ilâhî kökenli dinlerde kıyam, rükû, secde ve ka'de gibi ibadet etme şekilleri vardır ve kuşkusuz bunlar tevhid kaynaklıdır. İşte İslâm tüm bu tevhidî ibadet şekillerini namazda birleştirmiştir.

Namazı ***'gözümün nûru'*** diye niteleyen Hz.Peygamber'e(s.) "Allah'ın en çok sevdiği amel hangisidir?" diye sorulduğunda; "*Vakti gelince kılınan namaz*" [4] buyurmuştur.

İslâm'ın Olmazsa Olmazı ve İmanla Küfür Arasında Perde

Namaz; İslâm dininin *olmazsa olmaz* en birincil amelî kuralıdır. Namazsız bir mümin düşünülemez. Namazı olmayan, namazını dosdoğru kılmayan bir müslüman her an yoldan çıkabilir ve her an şirke, küfre düşme tehlikesiyle karşı karşıya kalır.

Çeşitli hadislerde namaz; ***"dinin direği", "mü'minin mi'râcı", "cennetin anahtarı"*** olarak tanımlanmıştır. İmanını namaz biçiminde eyleme dönüştüremeyenler dinlerini ayakta tutamadıkları gibi; namazını terkedenler de, dinlerini yıkmaya başlamış olurlar.

Namaz, iman ile küfür arasında perde, mümini iğrençliklerden(*fahşâ*) ve kötülüklerden(*münker*) alıkoyan(29/45) en önemli engel ve Müslüman'ı Müslüman olmayandan ayıran en belirgin ölçü(t)dür.

Rasûlüllah(s.), "Onlarla bizim aramızda *alâmet-i fârika namazdır.* Binaenaleyh namazı terk eden kafirlere benzemiştir."[5] buyurur.

Kur'ân-ı Kerîm, kulun Cennete mi yoksa Cehenneme mi gideceğini belirleyen temel faktör olarak namazı işaret buyurur. Allah'ın razı olacağı ameller içinde dosdoğru kılınan namazı vurgularken; namazı terketmeyi de **cehenneme girme sebebi** sayar:

"Sizi cehenneme sevk eden nedir? *'Namaz kılanlardan değildik!'* derler." (Müddessir 74/42-43)

Namaz kılmayan insanların azgınlaşıp isyan etmeleri, yoldan çıkmaları ve Allah korusun, şirke ya da küfre düşmeleri an meselesidir; zira onlar Allah'ın korumasından mahrumdurlar.

"Yalnız Allah'a yönelin ve O'na karşı gelmekten sakının; *namazı dosdoğru kılın ve müşriklerden olmayın!*"(Rûm 30/31)

Allah Rasûlü(s.) "*Muhakkak namaz, insan ile küfür ve şirk arasında bir perdedir. Namazı terk etmek bu perdeyi kaldırmaktır*"[6] buyurur. Bir başka hadiste de, namazı bilerek terk edenin *kâfir olacağı*[7], bir diğerinde ise *Allah'ın zimmetinden* yani korumasından *uzaklaşacağı*[8] ifade edilmiştir.

Kur'ân, aralarında seçkin elçilerin de bulunduğu örnek nesli, "göz yaşları içinde secdeye kapananlar" yani huşû içinde namaz kılanlar şeklinde tanımlarken; daha sonra yoldan çıkıp Cehennemin Gayya kuyusuna atılmayı hak eden nesli de "namazı terkedenler" diye niteler:

"Onlara Rahmân'ın âyetleri okunduğu zaman *ağlayarak secdeye kapanırlardı.* Sonra onların arkasından öyle bir nesil geldi ki, ***namazı zayi ettiler***, şehvetlerine uydular. *Bunlar da Cehennemdeki 'Gayya' kuyusunu boylayacaklar (azgınlıklarının cezasına uğrayacaklar)dır.*" (Meryem 19/58-59)

Dahası Hz.Ömer(r.a), ***"Namaz kılmayan Müslüman değildir"***[9] der.

Dolayısıyla, aşağıdaki hadiste de açıkça ifade buyurulduğu üzere, namaz kılmamakta ısrar edip **'namazsız İslâm'**a kapı aralayanlarla mücadele edilir.

"Allah'tan başka ilah olmadığına ve Muhammed'in Allah'ın Rasûlü olduğuna *şahadet edinceye, namazlarını kılıp* zekatlarını verinceye kadar insanlarla savaşmaya emrolundum."[10]

Keza; Hz. Ebû Bekir'in(r.a) yaptığı üzere, 'namaz ile zekatın arasını ayıranlarla' yani namaz kıldığı halde zekât vermeyip **'zekâtsız İslâm'**a kapı aralayanlarla da savaşmak meşrû olur.

Aşağıdaki âyet, müminler sınıfına dahil olmanın şartlarını şöyle özetler:

"Eğer tevbe ederler, *namaz kılarlar* ve zekat verirlerse, yollarını serbest bırakın."(Tevbe 9/5)

Özetle; mümin ile kafiri, mümin ile müşriği veya münafığı birbirinden ayıran en önemli özellik, ayırım çizgisi ve alamet-i fârika namazdır.

Bir insanın mümin ve müslüman olması için 'inandım!' demesi yetmez. Kur'ân 'îman' ile 'sâlih amel'in arasını ayırmaz ve sürekli olarak birlikte zikreder. (Kur'ân'da *"îman edip salih amel işleyen/ler"* ibaresi yaklaşık yüz kez tekrarlanır: 2/25, 82, 277; 3/57; 4/57; 5/9,69,93... 103/3) Yani, 'inandım' diyenin, bu ifadesinde samimi olduğunu kanıtlaması için imanını eyleme dönüştürmesi ve ilk olarak da namazla işe başlaması gerekmektedir. Aksi halde, Din binasını inşa edemez ve müminler safına da dahil olamaz.

"Namaz Din'in direğidir. Onu terkeden şüphesiz Din'i yıkmış olur."[11]

İşte ölçü budur. Nasıl ki, Din binası namaz direği ile ayağa kaldırılıp inşâ ediliyor ve onun sayesinde ayakta kalıyorsa, namazın terki de Din binasının çökmesine ve yıkılmasına neden olur.

2. BÖLÜM

Namazla İlgili Kavramlar

Salât

Dilimize Farsça'dan giren ve 'eğilmek' manasına gelen *"namaz"* kelimesinin Arapça aslı "salât"tır.

Kur'ân'da, yüzden fazla yerde *"salât"* kavramı ve türevleri tekrarlanarak namaz emredilir.

Mümin bir gencin kendisini nasıl inşâ etmesi gerektiği noktasında Allahu Teâlâ'nın Kur'ân'da örnek olarak verdiği Hz.Lokman'ın(a.s) oğluna tavsiyelerinin birincisi namazdır:

"Yavrucuğum! Namazı kıl (*eqımi's-salâte*), iyiliği emret, kötülükten sakındır. (Bu yüzden) başına gelenlere sabret, çünkü bunlar azmi gerektiren işlerdendir." (Lokman 31/17)

"Namazı kılın(*eqîmu's-salâte*), zekatı verin, rükû edenlerle beraber rükû edin." (Bakara 2/43)

"Onlar namazlarını kılarlar(*yuqîmûne's-salâte*) ve kendilerine rızık olarak verdiklerimizden infak ederler." (Enfâl 8/3)

Salât, Arapça'da genellikle **duâ** manasına kullanılır. Ayrıca *sallâ* fiili, "salveynini hareket ettirdi." anlamına gelir ki; -rükû ve secdede yaptığımız gibi- beli bükmek suretiyle, *salveyn* denilen oylukların başındaki iki tümsek kemiği hareket ettirmek demek olur.

"Salât"ın *salâ* kökünden türediği ve 'patlama', 'parlama', 'tutuşma' anlamlarına geldiği de bilinir.

Istılahta ise ***'salât'***; İslâm'ın temel rükünlerinden biri olan, Allah tarafından emredilip Rasûlüllah(s.) tarafından fiilen gösterilen namaz ibadetinin adı olarak kullanılır.

Kur'ân-ı Kerim'de namaz emrinin "salli: namaz kıl" veya "sallû: namaz kılın" şeklinde değil de "*eqımi's-salâte*: dosdoğru namaz kıl" veya "*eqîmû's-salâte*: namazı dosdoğru kılınız" şeklinde ifade edilip sürekli tekrarlanması, bu ibadetin önemine; tam, eksiksiz, sürekli kılınması gereğine ve ancak böylece din binasının ayakta tutulabileceğine işaret eder.

Zikir

Kur'ân-ı Kerîm'de bazen, "Namazı dosdoğru kılın!" anlamına "Allah'ı *zikrediniz!*" veya "Rabbinin adını *zikret!*" buyurularak, *salât* kelimesinin yerine *zikir* kullanılır:

"Sabah akşam Rabbinin adını *zikret!*" (İnsan 76/25)

"Namaza çağırıldığınız zaman Allah'ı *zikretmeye* koşun!" (Cum'a 62/9)

"Rabbini, içinden yalvararak ve korkarak, yüksek olmayan bir sesle sabah ve akşam *zikret!* Gafillerden olma!" (A'râf 7/205)

"Allah'ın yüce tanınmasına, içinde adının *zikredilmesine* izin verdiği mescidlerde sabah akşam O'nu tesbih ederler." (Nûr 24/36)

Namaz, baştan sona zikir'dir. Namazın her ânında, her ifadesinde Allah'ı hatırlarız. Bir adı da *'ez-Zikr'* olan Kitabullah'tan âyetler, sûreler okuyarak tekrar eder dururuz. Dolayısıyla, "Sabah akşam Rabbini zikret!" emri "Sabah akşam namaz kıl!" demek olur.

Zikir, sadece 'Allah, Allah!' demek veya O'nu hatırlatan kelime veya cümleleri tekrarlamak değildir. Allah'ı ve güzel isimlerini hatırlamak, anmak, O'nu hamd ile tesbih etmek, yüceltmek, Kur'ân okumak, duâ etmek zikrin yalnızca lisana ait olan bölümüdür. Allah'ın varlığını kanıtlayan delilleri, O'nun sıfat ve isimlerini düşünmek; Allah'ın hükümlerini, emir ve yasaklarını, tekliflerini, müjde ve ceza haberlerini, O'na karşı kulluk görevlerimizi düşünmek; Allah'ın yarattığı bütün varlıkları, evreni ve bunların yaratılış sırlarını ve hikmetlerini düşünmek de kalbî ve fikrî zikirdir. Bedenin Allah'ın rızasına uygun görevlerle meşgul olup yasaklardan uzak durması ise, fiilî ve bedensel bir zikirdir.

Kur'ân-ı Kerîm'de '*zikr*', bu geniş anlam sahası (hatırlama, anma, tesbih etme, ibret ve öğüt alma, düşünme, tefekkür etme, ibadet etme, Allah'tan gayrisinden uzak durma...) ile kullanılır. Hatta, Kur'ân'ın bizzat kendisi *zikr*'dir.

"O (Kur'ân), alemler için halis bir zikrdir." (Tekvîr 81/28)

Tekbir

"Rabbini *tekbir et!*" (Müddessir 74/3)

"Ve O'nu tekbir edebildikçe *tekbir et*!" (İsrâ 17/111)

Tekbir'in ifadesi *"Allâhu ekber"*dir. Bu; yalnızca Allah'ı büyük tanımak, O'nun dışındaki hiçbir varlığı, hiçbir kimseyi, hiçbir güç ve kuvveti büyük tanımamak, kendisini büyük ve yüce zanneden tüm insanların, kurum ve sistemlerin küçüklüğünü, acizliğini ve güçsüzlüğünü ilan etmek demektir. Allah'ı yüceltirken, kulun kendi zayıflığını ve hiçliğini itiraf etmesidir. *Tekbir;* rubûbiyetin (Rab olmanın) şanından olan güçlülük, ululuk, büyüklük ve yüceliğin, sadece ve sadece Mütekebbir (çok büyük) olan Allah'a ait olduğunu kabul edip onaylamaktır.

Namazda en çok tekrar edilen kelime 'Allâhu ekber!'dir. Denilebilir ki namaz, neredeyse tekbir'dir. Allah'ı tekbir etmenin, O'nun büyüklüğünü ve uluğunu itiraf etmenin en güzel biçimi namazdır? Namazdaki hareket ve sözlerin tümü, Allah'ı tekbirden ibarettir. Namazın başlangıcı ve bitişi, evveli ve sonu, rükû'u ve sücûd'u/secdeleri, kıyam'ı ve kunut'u hep tekbirdir.

Mü'min, namazında bu duygu ve anlayışla her tekbir alışında; kuvvet ve iktidarın kendilerinde olduğunu iddia eden ve insanlardan hürmet ve saygı bekleyen müstekbirleri değil, Kadîr ve Mütekebbir olan Allah Azze ve Celle'yi yüceltip ululadığının bilincindedir. Zalimlerin ve zorbaların karşısında eğilmeyen başı, Cebbâr olan Allah'ın huzurunda saygı ve hürmetle eğilir, huşû içinde yere sürülür. Her eğiliş ve yere kapanışta, tekrar doğruluşta ve tekrar alnını yere koyuşta o kutlu ifade tekrarlanır: *Allâhu ekber!*

Hamd ve Tesbih

Kur'ân-ı Kerîm, namazı emretmek için bazen tesbihi, hamdi veya '*hamd ile tesbih*'i emreder:

"Akşam sabah Rabbini hamd ile tesbih et!" (Mü'min 40/55)

"Güneş doğmadan ve batmadan önce Rabbini hamd ile tesbih et!" (Tâhâ 20/130; Kaf 50/39)

"Akşama girerken ve sabaha çıkarken Allah'ı tesbih edin! Göklerde ve yerde, günün sonunda da, öğleye erdiğiniz zaman da hamd O'na mahsustur." (Rûm 30/17-18)

Bazen de *tesbih* ile *secde* birlikte emir buyurulur:

"Rabbini hamd ile *tesbih et* ve *secde edenlerden ol!*" (Hicr 15/98)

"Gecenin bir bölümünde O'na *secde et* ve geceleyin uzun uzadıya O'nu *tesbih et!*" (İnsan 76/26)

Namaz, sözlü ve fiilî bir tesbihdir. Namazın her ânında Allah(c.c) tesbih edilir; kıyâm, rükû ve secdeler aynı zamanda Allah'ı tesbih etme amacına yönelik eylemlerdir.

Tesbih'in lügat anlamı 'suda pek iyi yüzerek uzaklara gitmek'tir. Istılahta ise, 'Allahu Teâlâ'yı noksan sıfatlardan tenzih etmek; yani O'nu, inanç, söz ve eylemle yüce zâtına yakışmayan her türlü şüpheden arı ve uzak tutmak' demektir. Ayrıca 'Allah'ı yüceltmek, sözle ve eylemle O'nu zikretmek, tathîr etmek (temizlemek) ve içtenlikle O'na yönelmek' anlamlarını içerir.

Tekbir ile namaza girdikten sonra, Allah'ı tesbih ederek kıyam'a başlarız: *"Sübhânek'Allâhümme ve bi-hamdik... (Ey Allâhım! Seni tesbih ederiz ve hamd de sanadır)!"* yahut *"Sübhan'Allâhi bükraten ve asîlâ (Sabah akşam tesbih Allah'adır)!"* deriz. Böylece Allah'ı, huzurunda saygıyla ayakta durulmaya lâyık yegane varlık olarak görür, O'nu, insanlardan saygı ve hürmet bekleyen aciz yaratıklara benzemekten uzak ve temiz biliriz.

Sonra rükûa gider ve *"Azîm olan Rabbinin adını tesbih et!"* (Vâkıa 56/74,96) ilahi emrini yerine getirmek için ***"Sübhâne Rabbiy'el-Azîm"*** deriz. Azamet sahibi, güçlülük, kuvvetlilik ve yücelikte eşi benzeri olmayan Rabbimizi, güçsüz, kuvvetsiz, zavallı zorbalara benzemekten ve onların eksikliklerinden pak ve uzak tutarız. Böylece rükûumuzda, Allah'tan başka hiçbir kimsenin, hiçbir güç ve kuvvetin karşısında eğilmeyeceğimizi ikrar ederiz; zira Allah'ın dışında, karşısında baş eğilmeye layık hiçbir güç ve kuvvet yoktur.

Daha sonra, Rabbimizin, *"Yüce olan Rabbinin adını tesbih et!"* (A'lâ 87/1) emrine uyarak, Allah için secdeye kapandığımızda ***"Sübhâne Rabbiy'el-A'lâ"*** deriz. Böylece de, yüceltilmeye, karşısında yerlere yüz sürülmeye layık yegane Rab olarak Allah Teâlâ'yı gördüğümüzü, O'nun dışındaki her varlığın, asıl itibariyle O'na secde etmesi gerektiğini ifade ederiz. Dolayısıyla, büyüklük ve yücelik iddiasındaki aciz kişi ve kurumlara itibar etmeyip, Rabbimizi bunlara benzemekten tenzih ederiz.

Kul, fıtratının bir gereği olarak Allah'ı sürekli tesbih etmeli; Rabbinin izzeti/yüce makamı karşısında kendi zilletini/aşağı konumunu, O'nun büyüklüğü karşısında kendi küçüklüğünü, O'nun samediyeti(muhtaçsızlığı) karşısında kendi fakrını/ihtiyacını, O'nun eksiksizliği/kemâli karşısında kendi zayıflık ve acizliğini, O'nun her şeyi kuşatan sınırsız bilgisi karşısında kendi cahilliğini görüp O'nun bütün bu eksikliklerden arı ve uzak olduğunu ilan etmelidir.

Namaz, işte böyle bir tesbih eylemidir.

Böylesine bir tesbih, hamdetmeyi de beraberinde getirir. Tesbih, Allah'a hamd ile tamam olur ve mükemmelleşir. Kulun, Allah'ı tesbih ederken, O'na hamdetmemesi düşünülemez. Hamd'siz bir tesbih kuru, eksik ve anlamsız kalır.

Hamd kelimesinin Türkçe'de tam bir karşılığı yoktur. Hamd, isteğe bağlı yapılan bir iyiliğe veya onun başlangıç noktası olan bir iyiliğe karşı gönül açıklığı ile o iyiliğin sahibine saygı ifade eden bir övgü sözüdür. Kısmen medih, kısmen teşekkür ile birleşen bir övgü ve özel bir medih.. Çünkü medih, canlılığı ve istediği gibi hareket etme yeteneği olana da olmayana da yapılır. Mesela güzel bir inci ve güzel bir at övülmüş olabilir, fakat onlara hamdedilmez. Hamd, inci ve atı bağışlayan, istediğini yapmakta serbest olan Allah'a yapılır ve hatta onun lütfuna, ilmine yapılır, fakat vücut güzelliğine yapılmaz. Ayrıca medih, bağıştan önce de ondan sonra da yapılabilir. Hamd ise kesinlikle bir iyilikten sonra yapılır. Şu kadar var ki, onun hamd edene ulaşmış bir iyilik olması şart değildir. Şükürde ise bu da şarttır. Çünkü şükür, gelmiş olan bir nimete, sözlü veya fiilî veya kalp ile nimeti verene saygıda bulunarak karşılık vermektir. Yalnız fiil veya kalp ile yapılan şükür, ne medihtir ne hamddir. Fakat dil ile sözlü olarak yapıldığı vakit hem hamd, hem de medh olur ve bu hamd, minnettarlığın başıdır. Bundan dolayı hamd, medihten genel olarak daha özeldir. Şükürden de bir bakımdan daha genel ve bir bakımdan daha özeldir. Her hamd medihdir fakat her medih hamd değildir. Sonra bazı hamd şükür (minnettarlık) ve bazı şükür hamd olmakla beraber şükür olmayan hamd, hamd olmayan şükürler de vardır. Demek ki medih, gerçeğe göre boş bir ümidin itmesi ile kuru bir yalandan, soyut bir dalkavukluktan ibaret kalabilirken hamd ve şükür daima gerçeğe uygun bir doğruyu ifade ederler. Hamd ile şükürde esas maksat nimeti verendir. Medihte ise nimeti hayal etmektir. Hamd, delile dayanan haklı bir ümidin sevinci ile veyahut minnettarlık gibi gerçekleşmiş bir nimet içinde bulunarak rahat etmenin mutluluk zevki ile yapılır. Hamd 'verdi, verecektir' gibi geçmiş ile gelecek arasında dönüp dolaşan bir sevinç durumundan, şükür ise 'işte verdi' gibi gerçekleşen bir geçmiş nimete ulaşma zevkinden ileri gelen bir mutluluğu ilan etmektir. Bunun için hamd ve şükür tamamen meşrû ve ahlâka uygun oldukları halde medih genellikle ahlâka uygun değildir. İslam'a göre yasaklanmış ve yerilmiş de olabilir. Çünkü Peygamber(s.) Efendimiz: "Övmeyi meslek edinenlerin yüzlerine toprak saçınız." buyurmuş. Halbuki "İnsanlara hamdetmeyen kimse Allah'a da hamdetmez." hadis-i şerifi ile mutlak surette emredilmiş olduğunu göstermiştir.[12]

Namaz, bir anlamıyla tesbih, tekbir ve hamdetmektir; yani, hem Allah'ın celâline karşı sözle ve fiille 'Sübhânallah!' deyip O'nu tenzih etmek, hem kemâline karşı sözlü ve amelî olarak 'Allâhu ekber!' deyip O'nu yüceltip ululamak, hem de cemâline karşı kalben, lisanen ve bedenen 'Elhamdülillah!' deyip şükür ve senâ etmektir. Demek ki; tesbih, tekbir ve hamd, namazın çekirdekleri hükmündedirler. Ondandır ki, namazın hareket ve zikirlerinde bu üç şey birlikte yer alırlar. Yine bundandır ki, namazdan sonra, namazın manasını pekiştirmek için bu mübarek kelimeler 33 defa tekrar edilirler.[13]

İstiğfar ve Tevbe

İstiğfar kelimesinin aslı "ğa-fe-ra"dır. Bu fiil, 'bir nesneyi kirden ve pastan koruyan bir mahfaza ile örtmek' anlamını gösterir. *İstiğfar* kelimesi, Kur'ân'da üç şekilde gelmiştir: a. Şirk ve küfürden geri dönmek (11/3; 71/10); b. Namaz kılmak (3/17); c. Günahların bağışlanmasını Allah'tan talep etmek (40/55, 47/19, 110/3).

Kur'ân-ı Kerîm'de "istiğfar"ın namaz kılmak anlamında kullanıldığı âyet şöyledir:

"Sabredenleri, doğru olanları, huzurunda gönülden boyun büküp divan duranları, Allah için infak edenleri ve seherlerde istiğfar edenleri (Allah görmektedir)." (Âl-i İmrân 3/17)

Namaz kılan bir mümin, diğer amaçlarının yanında, aynı zamanda istiğfar edip günahlarının bağışlanmasını dilemek niyetiyle Rabbinin huzuruna çıkar.

"Günahına da istiğfar et ve akşam sabah Rabbini hamd ile tesbih et!" (Mü'min 40/55)

Akşam-sabah (yani günde beş vakit) namaz kılıp Rabbini hamd ile tesbih eden mümin, günahları ve hataları için tevbe etmeli, Allah'tan bağışlanma ve af dilemelidir. Ancak, Allah'tan bağışlanma dilemekle iş bitmez. Bağışlanması dilenen günahta ısrar etmemek ve kesin bir biçimde tevbe etmek gerekir.

"Rabbinizden mağfiret dileyin, sonra O'na tevbe edin!" (Hûd 11/3, 52, 61, 91)

İşte, tevbe ve istiğfar dolu bir namaz, dosdoğru kılınan ve Rabbimizin razı olacağı bir namazdır.

Tevbe ise; yapılan hata ve günahtan dolayı pişmanlık duyup ondan vazgeçmek, isyandan itâate dönmek demektir.

Tevbenin tam bir tevbe olabilmesi için de tekrar günaha dönmemek ve durumunu düzeltmek gerekir.

"Ancak, kim işlediği zulümden sonra tevbe eder, (davranışlarını) düzeltirse *-eslaha-*, şüphesiz Allah onun tevbesini kabul eder; çünkü Allah Gafûr ve Rahîm'dir." (Mâide 5/39)

Böylesine bir istiğfar ve tevbe eylemi... İşte namaz budur. Bu duygu ve eylemlerle birlikte kılınan bir namaz, mümini günaha, kötü ve iğrenç şeylere yönelmekten alıkoyar.

İstiğfarın ve tevbenin gereğini yerine getirebilmek, kendini düzeltebilmek, ancak namazını dosdoğru kılabilmekle mümkündür. Değilse insan, tekrar günah batağına saplanıp kalabilir. Bu yüzden tevbe; ibadetle, rükû ile ve secde ile taçlandırılmalıdır.

"Tevbe eden, ibadet eden, hamdeden, seyahat eden, rükû eden, secde eden, iyiliği emredip kötülükten meneden ve Allah'ın sınırlarını koruyanları, müminleri müjdele!" (Tevbe 9/112)

Kunût, İnâbe, İhbât

Bu kelime ve kavramlar; Allah'a yönelmeyi, O'nun huzuruna çıkmayı, huşû içinde divanına durmayı, O'na gönülden boyun eğmeyi ifade eden ve namazı hatırlatan kavramlardır.

Kunût; esas itibariyle 'divan durmak' manasındadır.

"Namazları ve orta namazı koruyun; gönülden bağlılık ve saygı ile Allah'ın divanına durun!" (Bakara 2/238)

Bu âyette ifade buyurulan ***qânitîn*** tabiri, Kur'ân'da değişik biçimlerde tekrarlanır: *Qânitîn* (3/17; 33/35; 66/12); *qânitât* (4/34; 33/35; 66/5); *qânit* (16/120) gibi...

Şu âyetlerde ise *qunût* kelimesi, açık bir şekilde 'namaza durmak' manasına kullanılır:

"Ey Meryem! Rabbine divan dur(*uqnutî*), secde et ve rükû edenlerle beraber rükû et!" (Âl-i İmrân 3/43)

"Yoksa o, gece saatlerinde secde ederek, ayakta durarak kunût eden (qânit), ahiretten sakınan ve Rabbinin rahmetini umut eden (gibi) midir?" (Zümer 39/9)

Namazda, ilk önce Allah'ın divanına durmak esas olduğundan, namaz esasen bir kunûttur. Dolayısıyla 'kânitîn', namaz kılanlar demek olur. Ayrıca kunût, bir şeye aynı surętle devam edip sürekli o halde kalmaktır ki; taat, huşû, sükut ve kıyam manalarını içerir. Namazda kıyam ve kırâeti, duâyı veya huşû ve sükutu uzatmaya da kunût denir. Dolayısıyla 'kânitîn'; "namaz kılanlar, huşû duyanlar ve sükut edenler" demek olur; fakat, özel olarak;

vitir namazı ve sabah namazı gibi bazı namazlarda, kıyam esnasında bir tekbir ile duâ ve bedduâ eyleyerek kıyamı uzatmaya *kunût* denilir.

Esas itibariyle, hayır nöbetine girmek, Allah'a yönelip O'na iman etmek, teslim olmak, tevbe ettikten sonra kesin olarak Allah'a, O'nun dinine dönmek manalarına gelen ***inâbe*** kavramı, Kur'ân'da; Allah'a gönülden itaat ve kulluk etmek, tevekkül, öğüt almak, yalvarmak, iç çekerek duâ etmek manalarıyla içiçe kullanılmıştır ki bunlar, bize namazı hatırlatırlar. (11/27; 30/33; 39/8, 54; 42/13)

İnâbe'den türeyen 'münîb-münîbîn' de, "gönülden itaat eden, kalbiyle birlikte tam olarak Rabbine yönelen" demektir ki bu musallî yani namaz kılan demek olur(30/31; 39/17). Sebe' 34/9 ve Kâf 50/8'de öğüt alan, Allah'ın âyetlerini düşünen, basiret sahibi kimse anlamında *münîb kul*dan, Kâf 50/32-33'de de Allah'a itaat eden *münîb kalb*'den söz edilir.

Ayrıca, şu âyetlerde; Allah'a tevekkül ve inâbe birlikte zikredilir: Mümtehine 60/4; Hûd 11/88; Şûrâ 42/10.

İnâbe kavramının bu manaları, genel olarak namazı hatırlatmaktaysa da aşağıdaki âyetlerde, inâbe'nin; namaz, duâ, ibadet ve huşû gibi kavramlarla alakası daha açıktır:

"Yalnız O'na inâbe ediciler olun ve O'ndan korkun; namazı kılın ve Allah'a ortak koşanlardan olmayın." (Rûm 30/31)

"Dâvud, kendisini denediğimizi sandı da, Rabbinden mağfiret diledi, rükû ile yere kapandı ve inâbe etti." (Sâd 38/24)

Kunût, inâbe ve huşû kavramlarıyla yakın anlamlı olan *ihbât* da; "Allah'a iman ile tatmin bulmak, Allah'tan korkmak, alçak gönüllü ve tevazu sahibi olmak, huşû ile ve kalbi ürpererek yalvarmak" manalarına gelir ki, namazla yakından alakalıdır(22/54). Bu kelimenin ism-i faili olan *muhbit* ise; "mütevazı, huşû duyan ve Allah'a imanla mutmain olan kimse, namazla, duâ ve yalvarma ile Allah'a boyun eğen, teslim olan bir mümin demektir(22/34). Aşağıdaki âyette *ihbât*, namazı çağrıştırır:

"İman edip salih ameller işleyenler ve Rablerine gönülden huşû duyarak boyun eğenler (*v'ehbetû*); iste onlar cennet halkıdır. Onlar, orada ebedi kalacaklardır." (Hûd 11/23)

Duâ, Tazarru', Teevvüh

Kur'ân'da bazı âyetlerde *duâ* kelimesi namazla eş anlamda kullanılır:

"De ki: Rabbim bana adaleti emretti. Her mescidde yüzlerinizi O'na doğrultun ve dini yalnız kendisine has kılarak O'na duâ edin!" (A'râf 7/29)

Burada, 'Duâ edin!' emri, 'Namaz kılın!' manasındadır.

"Sabah akşam O'nun yüzünü (rızasını) dileyerek Rabblerine duâ edenler..." (En'âm 6/52; Kehf 18/28)

"Yanları (gece namazına kalkmak için) yataktan uzaklaşır. Rabblerine korku ve umutla duâ ederler." (Secde 32/16)

Bu âyetlerde de, 'duâ etme'nin, 'namaz kılmak' anlamında kullanıldığı açıktır.

Allah Rasûlü(s.) şöyle buyurmuştur:

"Duâ ibadetin ta kendisidir."[14]

Nitekim, Peygamberimiz(s.) namaz başlarında, secdelerde, iki secde aralarında, ka'de-i âhirelerde (son oturuşlarda) ve namazlardan sonra hep duâyı tavsiye buyurmuş ve bize duânın en güzel örneklerini bırakmıştır. (Sonraki bölümlerde bu duâlardan bazıları verilecektir).

Kur'ân-ı Kerîm bize duânın mahiyetini ve nasıl yapılacağını açıklamış bulunmaktadır:

"Gerçek duâ ancak O'na yapılır. O'ndan başka çağırdıkları ise, kendilerinin hiçbir isteklerini karşılayamazlar." (Ra'd 13/14)

"Dini yalnız kendisine hâlis kılarak O'na duâ edin!" (Mü'min 50/14, 65)

Duâ, huşû içinde, Allah'tan korkarak ve duâları kabul edenin O olduğuna inanarak yapılır:

"Korkarak ve umarak O'na duâ edin!" (A'râf 7/56)

"Umarak ve korkarak bize duâ ederlerdi." (Enbiyâ 21/90)

"Bana duâ edin, duânızı kabul edeyim." (Mü'min 50/60)

"Bana duâ edenlerin duâlarını kabul ederim." (Bakara 2/186)

Duâ, yalvarma ve yakarma haliyle, tevazu içinde ve hafif bir sesle yapılmalı; duâda Allah'ın razı olmayacağı şeyler istenmemeli ve kul, haddini aşmamalıdır:

"Rabbinize yalvara yakara ve gizlice duâ edin! Muhakkak ki Allah haddi aşanları sevmez." (A'râf 7/55)

Namaz, bir anlamda, en az günde beş kez Allah'a duâ ve niyâz etmek, yalvarıp yakarmak, iç çekerek ve ürpererek münâcâtta bulunmaktır.

Duâ; esas itibariyle davet gibi 'çağırmak' manasına masdar olup, "aşağıdan yukarıya, küçükten büyüğe vâki bir talep ve niyaz" manasına gelir. İslâm ıstılahında ise; "kulun Rabbinden medet beklemesi, yardım dilemesi veya bir istekte bulunmasıdır. Kulun, zillet ve tevazu içinde Hâlik'ına müracaatı ve kulluğunu arzetmesidir". Ve duâ, yukarıdaki âyetlerde belirtilen şartlar içinde yapılmalıdır.

Duânın daha kuvvetli ve şiddetli hallerini ifade eden *tazarru'* ve *teevvüh* terimleri de, bir duâ ve ibadet olmaları hasebiyle namazla yakından alakalıdırlar.

Nitekim Kur'ân, 'Sabah akşam namaz kıl!' emrini ifade buyururken 'tazarru'dan söz eder:

"Rabbini, içinden yalvararak (*tazarru'an*) ve korkarak, yüksek olmayan bir sesle sabah akşam an, gafillerden olma!" (A'râf 7/205)

"Rabbinize yalvararak (*tazarru'an*) ve gizlice duâ edin!" (A'râf 7/55)

Tazarru'; daha çok yalvarıp yakararak ve kendini alçaltarak duâ ve niyazda bulunma halini ve acz ile boyun bükmeyi ifade eder. Kur'ân âyetleri, zorlu ve sıkıntılı zamanlarda, hatta ilahi azaba uğranıldığında Allah'a yalvarıp yakarma manasıyla tazarrudan söz eder. (En'âm 6/43, 63; A'râf 7/94; Mü'minûn 23/76) Rasûlüllah'ın(s.), Nesaî'de yer alan hadîsinde belirttiği üzere; "şüphesiz namaz; ancak temekkün, tevazu, tazarru', teevvüh ve tenâdüm'dür".[15]

Teevvüh terimi Kur'ân-ı Kerîm'de ism-i fail olarak *evvâh* şeklinde geçer.

"Gerçekten İbrahim evvâh ve halîm idi." (Tevbe 9/114)

"Gerçekten İbrahim halîm'dir, evvâh'dır, münîb'dir." (Hûd 11/75)

Evvâh, asıl itibariyle 'çok âh eden' manasındadır. Bu âh ediş bir hüzün ve elemden, veya aşk ve korkudan kaynaklanabilir. Dolayısıyla evvâh, "ince kalpli, aşık ve yanık adam" manalarına gelir.

Selef müfessirleri, evvâh terimini; "çok duâ eden, pek merhametli, çok tevbe eden, Allah'ı çok zikir ve tesbih eden, Kitabullah'ı çok okuyan, Allah korkusuyla çok âh u vah çeken, hatalarından dolayı istiğfar eden, tam manasıyla fakih olan, Allah'tan çok korkan ve yalvarıp yakaran..." gibi manalarda açıklamışlardır.[16] Yani, evvâh bir kişilikte bulunan özellikler, gerçekte huşû içinde namaz kılan bir kişide bulunan özelliklerdir.

Huşû, Temekkün, Tevazu

Kur'ân'da namazla yakından alakalı bir kavram olarak *huşû', hâşiîn-hâşiât* kelimelerine rastlıyoruz.

Huşû'; aslı kalbde fakat belirtileri bedende olan bir eylemdir. Kalble ilgili kısmı, Allah'ın azamet ve celâli karşısında kendi küçüklüğünü göstererek nefsi, hakkın emrine boyun eğdirtecek, edep ve saygıdan başka bir duyguya iltifat etmeyecek biçimde kalbin son derece saygı hissi duymasıdır. Bedenle ilgili olan yanı ise, bu duygunun etkisi ile vücudun namazda sakin ve hareketsiz olması ve gözlerin secde yerine bakıp, şuna buna, sağa sola iltifat etmemesidir.[17]

Huşû; sesin alçalması, gözün aşağı dikilmesi, her fiil ve sözde aczin ve tevazuun ortaya konulması, Hak Teâlâ karşısında kulun, zavallılığını, çaresizliğini ve zayıflığını izhar etmesidir. ***Hâşiîn*** ise, "derin bir saygı, acz ve alçak gönüllülükle namaz kılanlar" demektir.

Kur'ân-ı Kerîm, bazı âyetlerde işte bu *hâşiîn*den söz eder:

"Namazlarında huşû içinde olan (*hâşiîn*) mü'minler muhakkak felaha ermişlerdir." (Mü'minûn 23/1-2)

"Sabırla ve namazla yardım dileyin; şüphesiz bu, huşû duyanlardan (*hâşiîn*) başkasına ağır gelir." (Bakara 2/45)

"Gerçekten onlar hayır işlere koşarlar, umarak ve korkarak bize duâ ederlerdi. Hem bize huşû duyanlar (*hâşiîn*) idi onlar." (Enbiyâ 21/90)

Huşû, kalbin saygı dolu bir korku hali içinde olması demektir. Öyle ki, kalp, Allah korkusuyla ürperir ve titrer.

"Onlar ki, Allah anıldığı zaman kalpleri titrer." (Hacc 22/35)

Bu durum, özellikle namaz kılarken veya Kur'ân okunur ve dinlenirken söz konusu olur.

"Ağlayarak yüzleri üstü secdeye kapanırlar ve (Kur'ân) onların huşûunu artırır." (İsrâ 17/109)

Rasûlüllah(s.)'ın, *"Namaz; temekkün, tevazu, tazarru, teevvüh ve tenâdümdür."* hadîsinde yer alan *temekkün* ve *tevazu* terimleri, kulun namazda Rabbine karşı son derece saygılı, alçakgönüllü ve ağırbaşlı olması halini ifade eder ki, bu da huşû kapsamına girer. Hadîste geçen ***temekkün*** kelimesi, daha çok; sakin, ağırbaşlı ve hareketsiz olma anlamlarını içerir. ***Tevazu*** kavramı ise; kişinin kendisini zelil ve hakir görmesi ve bundan kaynaklanan bir alçakgönüllülük ve saygı hali demektir.

Özetle namaz; Allah'ı her türlü noksan sıfatlardan uzak tutarak yüceltme, O'na yönelme, O'na hamdü senâda bulunma, O'nun huzurunda gönülden saygıyla boyun eğme, huşû duyma, yalnızca O'na yalvarıp yakarma, içtenlikle tevbe ve duâ etme, O'nun sayısız nimetlerini, sonsuz güç ve kudretini, büyüklüğünü, emirlerini, yasaklarını hatırlama öğelerini içeren kapsamlı bir ibadettir.

Yukarıdaki kavramsal çerçeveden yola çıkarak tanımlamaya çalışırsak: Namaz, Allah adına Allah karşıtlarına karşı bir başkaldırı/kıyâm, O'na cânu gönülden bir boyun eğme/rükû, O'nun karşısında kendini hiçe sayan bir yere kapanış/secdedir. Küfrün ve şirkin her türlüsüne, tapınmanın ve bağlılıkların her çeşidine, nefsin ve şeytanın tüm arzularına, sahte ilâhların ve efendilerin egemenliğine karşı Allah adına kıyâm!.. Yalnızca Kahhâr ve Cebbâr olan Allah'ın huzurunda saygı ve tevazu ile baş eğiş... O'nun büyüklüğü, azameti ve yüceliği karşısında haşyetle yere kapanıp hamd ile tesbih ediş... Allah'ı yüceltirken Tâğût'u reddettiğimizi, Rabbimize teslimiyet ve bağlılığımızı ifade ederken, başka hiçbir varlığa ve güce bağımlı olmadığımızı ifade eden bir özgürlük ilanı...

Namaz kılınan yere *"mihrâb"* denmek itibariyle, namaz; harp alanı/mekanında nefisle ve şeytanla savaşıp onlara galebe çalmaktır. Râğıb el-Isfahanî'nin *el-Müfredât*'ında ifade ettiği gibi, mihrabın hakkını vermek, şeytanı ve nefsi yenmektir. Keza patlama, parlama(*salâ*) anlamı itibariyle devam edersek, namaz; Allah'ın düşmanlarına, nefse, şeytana ve tüm kötü(lük)lere karşı kesin bir duruş ve bir tavır alıştır.

Her rekatta okunan Fatiha sûresi çerçevesinde tanımlarsak: Namaz; âlemlerin rabbi olan Allah'la günde beş kez kulluk sözleşmesini yenilemek, hamd, şükür ve övgünün sonsuz merhamet ve lütuf sahibi Allah'a yapılacağını, ibadet edilmeye ve yardım dilenmeye layık yegane ilahın 'Din Gününün Sahibi' olduğunu, uyulacak tek yolun dosdoğru yol olan İslam olduğunu tekrar tekrar kabul ve ilan etmektir.

Daha başka ve besit ifade ile namaz; kulun, kendisine sürekli türlü ikramlarda bulunan Rabbine karşı günde beş vakit teşekkür eyleminde bulunmasıdır.

Hasılı namaz; fiilî bir tevhid, kalbî bir yöneliş, şuurlu bir zikir/anma ve tesbîh, günah ve isyanlardan kesin pişmanlık duyuş, tevbe, istiğfar, yalvarma, yakarma, samimi duâ, gönülden niyâz... Ve saygı, alçakgönüllülük, yakarış, aşk ile duâ, pişmanlık... Namaz bunlardan yalnız biri değil, hepsi... Bütün bunlar, namazın parçası, ögesi ve özelliğidir...

3. BÖLÜM
Namaz Eylemi

Beş Kez Namaz: Beş Kez İnkılâb

Namaz, müminlere vakitli olarak farz kılınmıştır(4/103; 17/78). Namaz vakitleri, ilahi vahiy ile belirlenmiştir. Abdullah bin Abbas'a göre, Rûm/17-18. âyetler, beş vakit namazı belirler. *'Akşama girerken'* tabiri akşam ve yatsı namazlarına, *'sabaha ererken'* tabiri sabah namazına, *'gündüzün sonu'* tabiri ikindi namazına, *'öğleye erdiğiniz zaman'* tabiri de öğle namazına işarettir.[18] Keza; Hûd/114. âyette de; iki gündüzde, üç gecede (âyette geçen *zülef* tabiri, zülfe'nin çoğulu olup en az üçtür) olmak üzere beş vakit namaz emredilmiş olmaktadır. Böylece; *'gündüzün iki tarafı'*ndan kasıt öğle ve ikindi, *'gecenin zülefleri'*nden maksat da sabah, akşam ve yatsı olmuş olur.[19]

"Beni namaz kılarken gördüğünüz gibi namaz kılınız"[20] buyuran Rasûlüllah(s.) ise bu vakitlerin sınırlarını açıkça ortaya koymuştur.

Günde beş vakit namaz kılmak, günlük hayatın akışını beş defa durdurarak Allah'ın huzuruna çıkmak demektir. Rabbimiz, âciz ve zayıf kullarının gündelik koşuşturmayı beş kez bırakıp kendi huzuruna çıkmasını niçin istemektedir? Allah'ın dışındaki çeşitli nesnelere gönülden bağlanarak onları ilahlaştırıp Allah'a ortak koşma tehlikesiyle her an karşı karşıya bulunan insanlar, ancak günde beş vakit namaz kılarak bu sapmadan kurtulabilirler. Dünyevi zaafların, şeytani arzu ve isteklerin, gönlümüzü doldurmaya başlayan kibir ve gurur gibi duyguların, nefsani ihtiras ve tutkuların büyüleyici atmosferinden ancak namazla uzaklaşılabilir. "Kadınlara, oğullara, kantar kantar yığılmış altın ve gümüşe, salma güzel atlara (bineklere), hayvanlara ve ekinlere duyulan aşırı tutkular"(3/14) kendileri için çekici kılınmış bulunan insanlar, namaz sayesinde bunlara kul olmaktan kurtulup özgürlüklerine kavuşurlar. Günlük hayatın hızlı koşusu içinde Allah'ı, ahireti, cenneti, cehennemi, ölümü, hesap gününü unutan kullar, namazla, namazda okuduğu âyetlerle, duâlarla bunları sürekli hatırlarlar.

Ebedi nimetlerin Allah katında olduğunu, insanın bu dünyaya yalnızca Allah'a kulluk etmek için geldiğini, O'nun bahşettiği nimetleri yerli yerinde kullanarak O'na şükretmesi ve hamdetmesi gerektiğini unutan kul, sık sık uyarılmaya, hatırlatılmaya ne kadar da muhtaçtır. Günde en az beş kez kendisini manevî olarak yenileyip asli görevini idrak edemezse, bu unutkan varlığın hali nice olur? (Burada *insan* kavramı ile *nisyân/unutmak* kavramı arasındaki sıkı ilişkiyi hatırlatmalıyız.)

O halde, her namaz vakti çok büyük ve önemli bir inkılabın başlangıcıdır. Şirk bataklığından tevhid atmosferine, dünyanın geçici zevklerinden ahiretin ebedi lezzetlerine, kibir ve gurur ortamından alçakgönüllülüğe, tâğûtun ve şeytanın etki alanından Allah'ın hakimiyetine kesin bir geçiş ve intikal vakti.

Sabah, öğle, ikindi, akşam ve yatsı vakitlerinin her birinin girmesiyle beraber okunan ezan, mümini böylesine kutlu bir inkılaba çağırır. Günde beş kez şirkin, zulmün, münkerin (kötülüğün), ğayyın (sapıklığın) ve küfrün saltanatına karşı isyan edip tevhidin, adaletin, ma'rufun (iyiliğin/güzelliğin), rüşdün (doğruluğun) ve imanın hakimiyetini ilan etmek için yapılan bir devrim çağrısıdır ezan.

Bu kutlu çağrıyla irkilip kendine gelen kul, Rabbini en az beş kez hatırlayıp O'na yönelecek, hataları ve kusurları için tevbe ve istiğfar edecek, O'nun lûtfettiği sayısız nimetlere hamd ve şükredecek, O'nu tekbir ve tesbih edecek, O'ndan duâ ve niyazda bulunacak, Yüce Yaratıcı ile sohbet edip kalbini O'na teslim edecek ve böylece bu muazzam inkılabı gerçekleştirmiş olacaktır.

Bu inkılap saatlerinde, namaz kılan mümin, tıpkı Rasûlüllah(s.) gibi duâ etmelidir:

يَا مُقَلِّبَ الْقُلُوبِ ثَبِّتْ قَلْبِى عَلَى دِينِكَ

Yâ muqallibe'l-qulûb! Sebbit qalbî 'alâ dînike"

***"Ey kalpleri evirip çeviren Allahım! Kalbimi, senin dinin üzere sabit kıl!"*[21]**

Ezan: Diriliş Çağrısı

"Haydi Namaza!", "Haydi Kurtuluşa!"

"Allâhu ekber!", "Allâhu ekber!": En büyük/yüce olan yalnızca Allah'tır; göklerde ve yerde güç ve otorite sahibi tek varlık O'dur. Yeryüzünde büyüklük taslayan hiçbir güç, O'nunla yarışamaz, O'nun kudretine erişemez.

> *Ezan*; namaz için yapılan bir davet ve yüksek sesle insanları camiye çağırmak olduğu kadar, genel manada bir tebliğ ve İslâm çağrısıdır da. Ezan; sadece müminleri namaza davet için yapılan bir çağrı değil, aynı zamanda tüm insanlığı tevhide, tekbire, şahadete, namaza ve kurtuluşa çağıran özlü davettir.

"Eşhedü en-lâ ilâhe illallâh": Allah'tan başka ilâh/tanrı, rab yoktur; O'ndan başka ibadet edilecek, tapılacak makam da yoktur. İnsanların sıkıntı ve ihtiyaçlarını gideren, duâlarını kabul eden, onlara zarar ve fayda vermeye gücü yeten yalnızca Allah'tır. Dolayısıyla emir ve yasaklarına, hükümlerine uyulması gereken, itaat edilmeye ve boyun eğilmeye layık olan da O'dur. İşte ben bu hakikate tanıklık ederim.

"Eşhedü enne Muhammeden Rasûlüllâh": Yine ben şahitlik ederim ki, Muhammed(s) Allah'ın Rasûlü'dür; bize kutlu mesajı, Kur'ân'ı ileten, onun ilkelerini mükemmel bir şekilde hayatında uygulayıp bize örnek olan önderimiz de odur.

"Hayye ale's-salâh!": O halde koşun, iman edip tanıklık ettiğiniz, doğruluğunu onayladığınız tevhîd akîdesini eyleme dönüştürmeye; bir ***"tevhîd eylemi"*** olan namaza! Haydi, Allah'a kul olduğunuzu hatırlamaya, yeniden îman edip dirilerek kendinize dönmeye, tepeden tırnağa kendinizi yenilemeye.

"Hayye ale'l-felâh!": Koşun kurtuluşa! Koşun özgürlüğe! Nefsin, şeytanın, sahte tanrıların egemenlik alanından kurtulup Yüce Allah'ın huzur dolu mutlak egemenliğine sığınmaya! Haydi, felaha ermek için Allah'a sığınmaya; O'na sığınmak için de namaza!

"Allâhu ekber!", "Allâhu ekber!": Evet, yegane sığınak, tek ve en büyük otorite yalnızca Kâdir-i Mutlak olan Allah'tır!

"Lâ ilâhe illallâh!": Ve Allah'tan başka ilâh yoktur; yegane ilâh O'dur!

Abdest: Arınma ve Tevbe

"Ey iman edenler, namaza kalktığınız zaman, yüzlerinizi, dirseklere kadar ellerinizi yıkayınız; başlarınızı meshediniz ve iki topuğa kadar ayaklarınızı da (yıkayınız)!" (Maide 5/6)

Arapça aslı *vudû* olan abdestin farziyeti bu âyet-i kerîme ile sabit olmuş olup, abdestin dört farzı da bu âyetle belirlenmiştir:

- Yüzleri yıkamak;
- Dirseklere kadar elleri yıkamak;
- Başı meshetmek;
- İki topuğa kadar ayakları yıkamak.

Abdestin bu dört farzına Şâfiî, tertip(sırayla yıkama) ve niyeti, Ahmed bin Hanbel ise, ağza ve burna su vermeyi ilave etmişlerdir. Ebû Hanîfe'ye göre, bunlar abdestin sünnetlerinden olup farz olan, âyette belirtilen dört şeydir.

Ezânın kutlu çağrısına uyan mümin, etrafını kuşatan şeytânî çemberi yararak ***arınmaya*** yönelir; Allah rızasını dileyerek aldığı abdestle ferahlar; maddi ve manevi kirlerden temizlenir. Namaz kılmak için abdest almayı bir ***ibâdet*** olarak farz kılan Kur'ân âyeti, abdestin **arınma** amacını vurgular: *"...Allah sizi* ***temizlemek*** *ve size olan* ***nimetini tamamlamak*** *istiyor."*(5/6)

Mümin, abdestin basit bir el-yüz yıkama işleminden ibaret olmadığının bilinci içinde elini, yüzünü, kolunu, ayaklarını yıkayıp başını meshederken Allah Rasûlü(s)'nü örnek alarak tevbe ve istiğfar eder; günahlarının bağışlanmasını ve ***"arınanlar"***dan olmayı gönülden diler.

(Abdest için su bulamayanların toprakla elini-kolunu ve yüzünü meshederek teyemmüm alması(4/53), amacın maddi arınmadan öte manevi temizlik olduğunun bir diğer kanıtıdır.)

Peygamberimiz(s.), abdest alırken:

اَللّٰهُمَّ اجْعَلْنِى مِنَ التَّوَّابِينَ، وَاجْعَلْنِى مِنَ الْمُتَطَهِّرِينَ.

"Allâhümme-c'alnî mine't-tevvâbîn, ve-c'alnî mine'l-mutatahhirîn"

"Allahım, beni çok tevbe edenlerden ve çok temizlenenlerden kıl" diye duâ ederdi.

Böyle bir abdest, sadece vücut azalarını kir, pas ve necasetten temizlemekle kalmaz, aynı zamanda müminin iç dünyasını da arındırır. Zira abdest alan mümin, her bir abdest âzâsını yıkarken eliyle, ağzıyla, diliyle, gözüyle, kulağıyla, ayaklarıyla... kısaca bütün vücuduyla bilerek ya da bilmeyerek yaptığı tüm günahlardan pişmanlık duyup vazgeçmeye karar verir. Kalbindeki kiri-pası temizleyemeyen, gönlüne taht kurmuş bulunan nefsin, paranın, şehvetin, şeytanın, sahte tanrıların egemenliğine başkaldırıp onlardan kurtulamayan bir insanın sadece abdest âzâlarını yıkamasının Rabbi katında bir anlam ifade etmediğinin bilinci içinde namaza yönelir; temiz bir beden, temiz bir kıyafet ve tertemiz bir kalple Rabbinin huzuruna çıkar.

Temizlik (*Taharet*) ve Örtünme *(Setrü'l Avret)*: Pisliklerden ve Kötülüklerden Kaçınmak

Ezanın kutlu çağrısını işitip Allah'ın divanına durmaya hazırlanan her mümin kendine şöyle bir çekidüzen vermeli; hem vücûdunu hem elbisesini hem de namaz kılacağı yeri temizlemelidir. Yani mümin, hem ***'hades'*** denen ve gözle görülmeyen hükmi pislikten, hem de ***'necâset'*** denen ve gözle görülen maddî pislikten arınmalıdır. İslâm fıkhında 'hades' denen hükmî pislik, sadece insan vücudu için söz konusudur ve iki çeşittir; birincisi cinsel ilişki veya ihtilâmla gerçekleşir ve bundan temizlenmek için bütün vücudun yıkanması (gusül abdesti) gerekir, ikincisi ise abdesti bozan hâllerle gerçekleşir, bu durumda ise namaz kılmak için abdest almak gerekir. Ayrıca vücutta, bedende ve namaz kılınan yerde gözle görülür pislik (necâset) de olmamalıdır. Bu temizlikler yapılmadan namaz kılınamaz.

Rabbimiz; "Ey Âdemoğulları! Her mescidde (namazda) güzelce ve düzgünce giyinin!" (A'râf 7/31) buyurur.

Mümin, saçları başları dağınık vaziyette, yarı çıplak veya tam çıplak olarak Allah'a ibadet edilmesi gerektiğine inanan cahiliye geleneğine karşı çıktığının bilinci içinde, namazda tertemiz ve güzel giyinmelidir.

Mümin; "Ve elbiseni temiz tut!" (Müddessir 74/4) âyetine hem lafzî anlamda uyup elbisesini temiz tutmalı, hem de âyetteki mecazî ifadenin kastettiği aslî anlamda elini-eteğini her türlü olumsuz davranış ve alışkanlıktan geri çekmelidir. Aynı şekilde, bir sonraki âyette "Ve kötülüklerden hicret et" (Müddessir 74/5) diye emredildiği üzere, cahilî hayatta yaygın olan Allah'ın ve Rasûlünün hoş görmediği pis, çirkin ve kötü işlerden kaçınmalı ve uzak durmalıdır.

Böylece; hem abdest, hem de elbise ve beden temizliği maddi temizliğin ötesinde kalbi, zihnî, fiili bir arınma düzeyine yükselir. Zaten Rabbimizin huzuruna çıkmak için de böyle bir arınmaya ihtiyaç vardır. O'nun huzuruna çıkmaya yönelen müminin niyeti ve amacı da budur.

Kâbe'ye Yöneliş(*İstikbâl-i Kıble*): İstikamet Tercihi

İstikbâl-i kıble; yüzünü *"âlemlere bereket ve hidayet kaynağı olarak insanlar için kurulan ilk ev"* (Âl-i İmran 3/96) olan ***Kâbe***'ye; yani evrenselliğin, mutlaklığın, sonsuzluğun sembolü ***Beyt'ül-Haram***'a çevirmektir. Yönünü Allah'ın evine dönen mümin kalbini, gönlünü, duygu ve düşüncelerini Allah'a yöneltir, O'nun emrine verir. Hayatında böylesine belirleyici bir istikamet tercihi yapan mümin diğer yönlere, kıblelere itibar etmez. Yüzünü Kâbe'ye döndüğü halde özünde başka varlıkları kıble edinenler, elbette böyle bir tercih yapmış olmazlar. Ve hiç kuşkusuz herkesin ve her kesimin yöneldiği bir yönleri/kıbleleri vardır(2/148). Mesela; Rasûlüllah'dan(s.) rivayet edilen bir hadis, kadınlarını yani şehvetlerini kıble edinen kimi insan ve toplumlardan söz eder: "Onların dinleri paralarıdır; kıbleleri ise kadınlarıdır."

İşte mümin, namaz kılmak için, yegane ilah olan Allah'ın huzuruna dururken, insanlar için bereket ve hidayet kaynağı olan Kâbe'ye yönelmekle, yalnızca Allah'a ve dinine tabi olduğunun, buna karşılık tüm batıl dinlerin, sistemlerin ve sahte ilahların kıblesine itibar etmediğinin bilincinde olmalıdır.

Yüzünü/özünü yalnızca Allah'a yönelten mümin, dünyaya, dünyevi arzu ve isteklere, duygu ve düşüncelere âdetâ vedâ eder. Peygamberimiz(s) müminlerin "dünyaya veda eden gibi" namaza durmalarını tavsiye buyurmuştur. Müzzemmil sûresinin 8.âyetinde emredilen ***tebettül*** de işte budur; Allah'tan başka her şeyle ve herkesle alâkayı kesip bütün kalbiyle Allah'a yönelmek...

Hemen ardından, mümin, yalnızca ***"Allah'ın rızasını kazanmaya"*** yürekten niyet ederek namaza başlar. O, kalbî bir niyet ve amaç taşımayan hiçbir ibadette fayda olmadığının bilincindedir. Ve ellerini omuz hizasına kadar kaldırıp ***"Allâhu ekber"*** diyerek "tevhîd eylemi" olan namaza başlar. *İftitah tekbîri* ya da *tahrîme tekbiri* de denilen bu tekbîr eylemi ile mümin, Allah'tan gayrı bütün güç ve otoriteleri, dünyevî duyguları, sevgi ve tutkuları elinin tersiyle geri ittiğini ve arkasına attığını ifade eder. İşte bu ***"tevhîd"***'in ta kendisidir; yalnızca Allah'ı ilâh ve rab tanımak, O'nun dışında hiçbir varlığa itibar ve itaat etmemek!..

İşte *"Sübhâneke Allâhümme..."* duâsı tam bir tevhîdî sığınıştır:

"Ey Allahım! Seni tesbih ederim (noksanlıklardan uzak tutarım) ve sana hamdederim. İsmin pek mübârek, şânın pek yücedir. Ve Senden başka ilâh yoktur."

Dilden Kalbe - Niyet

Her işin başında bir niyet yani kesin bir irade, karar ve azim söz 3konusudur. Başlanılan her işten umulan bir gaye ve maksat vardır. Niyetsiz ve gayesiz hiçbir iş yapmak mümkün değildir. Eğer bir iş amaçsız yapılıyorsa, kişi boş yere yoruluyor, havanda su dövüyor demektir. Şu halde her iş, her eylem belli bir amaca yöneliktir ve her işin başlangıcında gönüllerde yatan bir niyet vardır.

Her dini faaliyet de belli bir amaç ve niyet taşır. Müminin bütün ibadetlerinin tek bir amacı vardır: **Allah'ın rızasını kazanmak.** Kul namaza başlarken "Allah rızası için" diyerek bu amacını ve niyetini belirtir. Niyetin kalple yapılması esastır. Dilde kalan, kalpte ve beyinde şekillenmeyen bir niyet sözcüğü, gerçek niyet olamaz. İmam Rabbani, dille yapılan niyetin bidat olduğu ve sünneti, hatta farzı ortadan kaldırmak anlamına geldiği kanaatindedir.[22] İbn'ül-Kayyım el-Cevzi de; dille niyet hakkında; "Rasûlüllah'tan sahih, zayıf, müsned veya mürsel olarak kesinlikle bir kelime bile rivayet edilmeyen bid'attır" demektedir.[23] Gerçekten de, kafalar ve gönüller Allah'tan gayri düşünce ve endişelerle dolu iken, O'ndan başkasına yönelik ilgi ve sevgiler kalplerde taht kurmuşken, sadece lisanla yapılan bir niyetin ne anlamı olabilir? Rasûlüllah(s.) söyle buyurur: "Ameller niyetlere göredir; herkes için de ancak niyet ettiğinin karşılığı vardır."[24]

Namaz kılmak için kıbleye yönelen, kalbini her şeyden arındıran mümin, Allah'ın rızasını elde etmek niyetiyle namaza başlarsa, -inşaallah- bu temiz niyetinin karşılığını görecektir. Gösteriş olsun diye veya başkalarının rızası için namaz kılanlar ise, Allahu Teâlâ'nın *'Yazıklar olsun o kimselere!'* (Mâûn 107/4) hitabına muhatap olacaklardır; dilleri ile 'Allah rızası için' deyip namaza dursalar da...

Şu halde namaza niyet; kişinin, Allah'ın rızasını kazanmaya, nimetlerinden ötürü Allah'a hamdetmeye, günahlarından tevbe ve istiğfar etmeye, duâ ve niyazda bulunmaya, yalnız Allah'a itaat edeceğine ve yalnızca O'ndan yardım dileyeceğine söz vermeye kalben azmetmesidir. Bu niyet ve azim öylesine samimi ve derûnî olmalıdır ki, namaz boyunca her hareket ve ifadede bu amaç güdülmüş olsun.

Namaza Giriş: İftitah Tekbiri, Başlama Duâları ve İstiâze

Yönünü kıbleye döndürüp kalbini her şeyden boşaltarak Allah'a yönelen mümin O'nun rızasını kazanmak için 'Allâhu ekber!' kelime-i tayyibesi ile namaza başlar. Ancak, kıraate geçmeden, yapacağı duâlarla Allah'ı tesbih ve tenzih edip şeytanın vesvesesi ve şerrinden Allah'a sığınmalıdır.

Ellerini omuzlarının hizasına kadar kaldırıp "Allâhu ekber" diyerek *iftitah tekbiri* ile namaza başlayan bir müminin, artık dünya ile, dünyevi düşünce ve kaygılar ile olan bağlantısını kesmiş, kalbini yüceler yücesi olan Allah'a bağlamış olması gerekir.

Tekbir alırken, elleri omuz hizasına kadar kaldırmanın ifade ettiği sembolik anlam şöyle yorumlanmıştır: Bu hareketle, bir taraftan Allahu Teâlâ'nın büyüklük ve yüceliğe layık yegane ilah olduğu kabul edilirken, diğer taraftan da Allah'tan gayrı güç ve kuvvetler ile dünyevi ve maddi düşünce, endişe, sevgi ve tutkular geri plana itilmiş olur. Tekbirden sonra elleri saygı ve huşû ile bağlamakla da *'Allâhu ekber'*in derin anlamı kabul edilip onaylanmış olur.

Allah Rasûlü(s.), namaza en güzel duâlarla başlardı. Bu duâların içinde en çok tavsiye edileni şudur:

سُبْحَانَكَ اللّٰهُمَّ وَبِحَمْدِكَ، وَتَبَارَكَ اسْمُكَ وَتَعَالٰى جَدُّكَ وَلَا إِلٰهَ غَيْرُكَ.

"Sübhaneke Allâhümme ve bi-hamdik, ve tebâreke'smük, ve teâlâ ceddük, ve lâ ilâhe ğayrük"
"Ey Allahım! Seni tesbih ederim -noksanlıklardan uzak tutarım- ve sana hamdederim. İsmin pek mübarek, şanın pek yücedir. Ve senden başka ilah da yoktur"

Sübhaneke duâsı, Kur'ân'dan sonra en güzel sözleri içerir; çünkü, Kur'ân'dan sonra en üstün sözler, 'Sübhanallah, Elhamdülillah, Lâ ilâhe illallah ve Allâhu ekber' kelimeleridir. İftitah tekbiri ile Sübhaneke tüm bunları içermektedir. Sübhaneke, övgüyü en katıksız biçimde Allah'a has kılmaktadır. Dolayısıyla namaza Sübhaneke ile başlanmalıdır.[25]

Daha namazın başında, kulun sadece Allah'a yönelişini, teslimiyetini ve yalnızca O'nu ilah tanıyışını en güzel cümlelerle ifade eden şu duâ ile Rasûlüllah(s)'in namaza başladığı da rivayet edilmiştir:

وَجَّهْتُ وَجْهِيَ لِلَّذِى فَطَرَ السَّمٰوَاتِ وَالْأَرْضَ حَنِيفًا مُسْلِمًا وَمَا أَنَا مِنَ الْمُشْرِكِينَ، إِنَّ صَلَاتِى وَنُسُكِى وَمَحْيَاىَ وَمَمَاتِى لِلّٰهِ رَبِّ الْعَالَمِينَ، لَا شَرِيكَ لَهُ، أُمِرْتُ وَأَنَا مِنَ الْمُسْلِمِينَ.

"Veccehtü vechiye li'llezî fetara's-semavâti ve'l-'ardi hanîfen, müslimen ve mâ ene mine'l-müşrikîn. İnne salâtî ve nüsükî ve mahyâye ve memâtî li'llâhi rabbi'l-âlemîn. Lâ şerîke lehu ve bi-zâlike ümirtü ve ene min'el-müslimîn"
"Ben gökleri ve yeri yaratana hanîf ve müslim olarak yüzümü

ve özümü yönelttim. Ve ben şirk koşanlardan değilim. Namazım, diğer ibadetlerim, hayatım ve ölümüm alemlerin Rabbi olan Allah'adır. O'nun ortağı yoktur. Ben bununla emrolundum ve ben O'na teslim olanlardanım."

Namazın başlangıcında bu duâlar düşünülerek ve idrak edilerek okunduğu takdirde kulu dünyevi duygulardan kurtarıp namaz atmosferine sokmaya yetecektir.

Ancak, iş bununla bitmez. Şeytanın fısıltı, vesvese ve iğvâsından korunmak için ihmal edilmemesi gereken bir başka tedbir daha vardır: İstiâze...

"Kur'ân okumak istediğin zaman kovulmuş şeytandan Allah'a sığın!" (Nahl 16/98)

Fatiha'yı ve diğer Kur'ân sûre/âyetlerini(zamm-ı sûre) okumadan önce şeytanın şerrinden, vesvese ve dürtüklemesinden Allah'a sığınmak bu ilahi buyrukla emredilmiştir; çünkü şeytanın görevi insanları saptırmak, onlara Allah'ı anmayı unutturmak, gönüllerine kötü düşünceler fısıldamak, vesvese ve iğvada bulunmak, nihayet onları tamamen kuşatarak ayaklarını kaydırmaktır.

Bu yüzden, Kur'ân âyetlerini gereği gibi okuyup idrak edebilmek, onun mana derinliklerine dalabilmek, gönlünü ve ruhunu ilahi hislerle doldurabilmek için şeytani duygu ve düşüncelerden, kuruntulardan uzak kalabilmeli, bunun için de yürekten "***e'ûzü bi'llâhi mine'ş-şeytâni'r-racîm***" demelidir. Aksi halde Allah korusun okunulan âyetler, yapılan duâlar kupkuru birer mırıltıdan ibaret kalır. Böylece, alışkanlık gereği dil bazı şeyleri tekrar eder durur da ne söylenildiğinin farkında bile olunmaz. Rasûlüllah(s.)in buyurduğu gibi: "Nice namaz kılanlar vardır ki, onların namazdan nasipleri yorgunluk ve zahmetten başka bir şey değildir."[26]

O halde, dosdoğru namaz kılabilmek için şeytanın şerrinden

Allah'a sığınmak, onun fitne ve iğvâsına karşı Allah'tan yardım dilemek mutlaka gereklidir.

Besmele ve Kırâat: Anlayıp Yaşamak İçin Kur'ân Okumak

Sıra *"Bismi'llâhi'r-Rahmâni'r-Rahîm: Rahmân ve Rahîm olan Allah adıyla"* diyerek Fatiha ve diğer sûreleri okumaya gelmiştir. Ama, şeytandan Allah'a sığındıktan sonra besmele, oldukça anlamlıdır.

Zira bütün hayırlı işlerin başı **besmele**'dir. Hayrın kapısı bu kelimeyle açılır, şerrin kapısı bu kelimeyle kapanır. Allah'ın rızasını kazanmaya ve hayra yönelik tüm faaliyetlerimize O'nun adıyla başlarız. Böylece, daha işin başında, yapmakta olduğumuz işle neyi amaçladığımızı ortaya koymuş oluruz.

Besmele ile başlanılan her iş, Allah'ın rızasına uygun ve onu kazanmaya yönelik olmalıdır. Dolayısıyla mü'minin besmele ile başladığı tüm fiil ve eylemleri bir tek amaçta birleşir: Allah'ın rızası... İşte bu tevhid'dir; yani onun her işi Allah için, Allah adına ve Allah namınadır. Mümin, besmele ile şunu demek ister: *'Allah'ın izni ve müsaadesi ile', 'O'nun lütfu ve keremi ile', 'O'nun yardımı ve inâyeti ile', 'O'nun koruması ve gözetimi ile'...*

Besmele; müminin ibadet ve faaliyetlerinin istikametini, menzilini ve gayesini gösteren bir pusuladır. Böylece kutlu yolculuğa başlamış oluruz. Allah'ın rahmet evine girmek için açmamız gereken ilk kapıyı ancak besmele ile aralarız. Yine ancak besmele ile yüce divanın eşiğine ilk adımı atarız. Said Nursî'nin dediği gibi; "O Rahmet'in arşına yetişmek için bir mirac var. O mirac *'Bismi'llahi'r-Rahmâni'r-Rahîm'*dir".[27]

İstikametimizi, gayemizi belirleyip Rahmân'ın huzuruna çıkmak için ilk adımı attıktan sonra, Kur'ân'da sûre ve âyetler okumaya başlayabiliriz.

Kur'ân ise, ister namazda olsun isterse namaz dışında olsun, dura dura, düşüne düşüne, sindire sindire, anlayıp hissederek okunmalıdır. Kur'ân, kendisinin ***"tam bir tertîl üzere"***(73/4) ve ***"tilâvetinin hakkını vererek"***(2/121) kırâat edilmesini ister; bu da Allah'ın Kitabı'nın yavaş yavaş, tane tane, her harfinin, kelimesinin, nazmının, mânâsının hakkını vere vere, huşû ve saygı içinde, akleden bir kalb-i selîmle düşünüp hissederek anlamak ve yaşamak niyetiyle okunması anlamına gelir.

O halde mümin, namazda ya da dışında Kur'ân'ı anlayıp öğrenmek, düşünüp öğüt ve ibret almak, Allah'ın zâtını, sıfatlarını, emir ve yasaklarını hatırlayıp îmanını ve takvâsını artırmak, kalp gözünü açmak, O'na şükretmek ve hamdetmek, sorumluluklarının bilincine erip bu bilinçle hareket etmek, yaşamak ve böylece huzûr ve sükûna kavuşmak için okur.

Hz. Ali(r.a); kendisinde anlayış ve idrakin bulunmadığı hiçbir ibadette ve yine kendisinde tedebbürün (düşünmenin) bulunmadığı hiçbir kıraatte hayır olmadığını söyler![28]

Fatiha ile Kulluk Sözleşmesini Yenilemek

"Kur'ân'ın anası" veya ***"Kitâb'ın anahtarı"*** da denilen Fâtiha sûresini namazda okumanın özel bir anlamı ve önemi vardır. Allah Rasûlü'nün(s.) *"Fâtihat'ül-Kitâb'ı okumayanın namazı yoktur"* buyurması sûrenin bu yönüyle ilişkili olmalıdır. Zira, her namazın her rekatında mutlaka okunması gereken Fâtiha'yı tekrarlamak sûretiyle mümin, Yaratan'ı ile yaptığı ***"kulluk sözleşmesi"***ni her seferinde yenilemektedir. Her kıyâmda ***"Âlemlerin Rabbi, Rahman, Rahim ve Din Günü'nün sahibi olan Allah'a hamd ederek"*** şükür ve minnet hislerini sadece Allah'a yönelten ve Kıyamet gününde yalnızca O'na hesap vereceğinin bilincinde olan kul, yalnız kendi adına değil tüm müminler topluluğu, ümmeti adına ***"Yalnızca Sana kulluk eder, yalnızca Senden yardım dileriz"*** diyerek, Rabbi ile yaptığı sözleşmeyi sürekli canlı ve diri tutmaktadır. Sonra da doğru yola ulaşmak için, nimete kavuşmak için, sapıklıktan ve azaptan kurtulmak için Allah'tan yardım dilemektedir.

بِسْمِ اللّٰهِ الرَّحْمٰنِ الرَّح۪يمِ*
اَلْحَمْدُ لِلّٰهِ رَبِّ الْعَالَم۪ينَۙ* اَلرَّحْمٰنِ الرَّح۪يمِۙ* مَالِكِ يَوْمِ الدّ۪ينِۜ*
اِيَّاكَ نَعْبُدُ وَاِيَّاكَ نَسْتَع۪ينُۜ* اِهْدِنَا الصِّرَاطَ الْمُسْتَق۪يمَۙ*
صِرَاطَ الَّذ۪ينَ اَنْعَمْتَ عَلَيْهِمْ غَيْرِ الْمَغْضُوبِ عَلَيْهِمْ وَلَا الضَّٓالّ۪ينَ*

Allah Rasûlü(s.), Fatiha'nın Allah'la kul arasında bir sözleşme niteliği taşıdığını şöyle açıklar:

"Yüce ve mübarek olan Allah buyurdu ki: 'Namazı kendimle kulum arasında ikiye ayırdım. Yarısı benim içindir, diğer yarısı da kulumundur, kuluma dilediği verilir'.

(Nebi aleyhisselam devamla buyurdu):

"Okuyunuz: Kul *"el-Hamdü li'llâhi Rabbi'l-âlemîn."* deyince, yüce Allah 'Kulum beni hamdetti.' der.

"Kul *"er-Rahmâni'r-Rahîm."* deyince, yüce Allah 'Kulum beni övdü.' der.

"Kul *"Mâlik-i yevmi'd-dîn."* deyince, yüce Allah 'Kulum beni yüceltti.' der.

"Kul *"İyyâke na'büdü ve iyyâke nesta'în."* deyince, yüce Allah 'Bu benimle kulun arasında bir ahiddir, kuluma dilediği verilir.' der.

"Kul; *"İhdina's-sırât'el-müstakîm, sırât'ellezîne en'amte 'aleyhim, ğayri'l-mağdûbi 'aleyhim ve le'd-dâllîn."* deyince, yüce Allah, 'Bunlar kulumundur ve kuluma dilediği verilir.' buyurur".[29]

Bütün samimiyetiyle ***iyyâke na'büdü*** diyen kul, Rabbine şöyle seslenmekte ve şöyle söz vermektedir:

"Yâ Rab! Biz yalnızca sana ibadet ve itaat eder, yalnızca sana boyun eğer ve yalnızca Sen'in rablığını kabul ederiz. Başkasına değil, sadece sana teslim olur ve sadece sana aczimizi itiraf ederiz. Başkasına değil, sadece sana itâatte bulunarak, başkasının değil sadece Sen'in divanına yüz sürerek huzur ve sükun bulur, tatmin oluruz.

"Bütün korku ve ümitlerimizin ilk ve son mercii Sen'sin yâ ilahi! Sen korku vermezsen korku yok, Sen ümit vermezsen ümit yok!

"Yâ Rab! Büyüklüğün ve yüceliğin karşısında kendimizi hiçe sayıyor, kibir ve gururumuzu ayaklar altına alıyoruz. Yâ ilahi! Karşısında boyun eğilmeye, ibadet ve itaat edilmeye layık olan yalnızca Sen'sin! Bütün saygı ve hürmetler, övgü ve sevgiler sanadır yâ Rab!

"Ey Allahım! Yalnızca sana kul ve köleyiz. Sen'den başkasına karşı hür ve özgürüz. Sen'den gayrısına itibar etmeyiz. Tâatimizi yalnızca sana has kılar, sadece Sen'in emrine baş eğeriz. Sen'in ma'rûf (iyi/güzel) olarak bildirdiklerini ma'rûf bilir, ona uyarız. Sen'in münker (kötü/çirkin) olarak bildirdiklerini münker bilir, ondan kaçınırız. İnsanları hayra çağırır, şerre aman vermeyiz. Allah için sever, Allah için buğzederiz. Her çabamız Hak için ve her işimiz Hakk'a yöneliktir. Özgürlüğümüze yalnız ve yalnız hudûdullah (Allah'ın çizdiği sınırlar) gem vurur. Hiçbir engel istiklalimizi kısıtlayamaz. Bu canı, bu vicdanı, bu hürriyeti bize Kahhâr ve Cabbâr olan yüce Rabbimiz emanet etti. O değerli emaneti ancak O'nun uğruna feda ederiz. Bu canı ve bu istiklali geri almak ve tekrar iade etmek yine O'nun elindedir".

"Biz Allah için varız ve yine O'na döneceğiz." (2/156)

Yine bütün samimiyeti ile ***iyyâke nesta'în*** demekle de, kul, Rabbine şöyle seslenmiş olmaktadır:

"Yâ Rab! Biz ihtiyaçlarımızı yalnızca Sana arzeder ve yalnızca Sen'den yardım dileriz. Yegane dayanağımız Sen'sin. Dertlerimize deva veren Sen, ihtiyaçlarımızı gideren yine Sen'sin. Bütün işlerimiz, bütün arzu ve isteklerimiz Sen'in lütf u kereminle gerçekleşir yâ Erhame'r-Râhimîn! Aldığımız her nefesi, işittiğimiz her sesi, Sen'in rahmet ve merhametine borçluyuz!

"Ey Allahım! Sen Rahmân ve Rahîm'sin. Sen Rezzâk'sın (tüm mahlukatın rızkını verensin). Vehhâb (çeşit çeşit nimetleri bağışlayan), Ganî (çok zengin ve hiçbir şeye ihtiyacı olmayan) ve Muğnî (dilediğini zengin yapan) yine Sen'sin. Biz aciz kulların, Sen'den başka kime yalvaralım? Sen'den başka kimden yardım dileyelim? Yâ Rab! Sen Azîz (yegane galip), Cebbâr (zorlayan) ve Mütekebbir(haddini bildiren)'sin! Sen çok güçlü(Muktedir) ve kahredensin(Kahhâr)! Sana yalvaranların istediğini veren (Mucîb) yine Sen'sin. Yâ ilahi! Tüm iyilikler, güzellikler ve faziletler Sen'in katındandır. Biz yalnızca Sen'in fazlından ve kereminden isteriz. Sen'den gayrisinden yardım ve minnet dilemeyiz. Kendileri yardıma muhtaç olan aciz yaratıklardan yardım beklemek biz mümin kullarına yakışmaz".

Mü'min; ***iyyâke na'büdü ve iyyâke nesta'în*** ahdini her tekrar edişte, *ibadet* ve *istiâne* kavramlarının kapsadığı tüm fiil ve davranışları yalnız Allah'a has kılacağına kesin söz verdiğinin şuurunda olmalıdır.

Ayrıca, bu esrar dolu cümleyi namazında huşû ile tekrar etmekte olan bir mü'min, yalnız ve tek başına olmadığının kesinlikle şuurunda olmalıdır. Bir başka ifade ile, kul, bu ayetin ifade ettiği manayı tasdik etmekle, evrensel bir cemaatin, "Allah'ın Hizbi"nin(59/22) şerefli bir mensubu olduğunu kabul ve ilan ediyor demektir; çünkü o; *"A'budü/İbadet ederim."* ve *"Esta'în/Yardım dilerim."* gibi tekil bir ifade kullanmamakta, tam tersine *"Na'büdü/İbadet ederiz"* ve *"Nesta'în/Yardım dileriz."* diyerek çoğul ifade kullanmaktadır. **'Ben'** değil **'Biz'** demektedir. Böylece ait olduğu müminler cemaati ile birlikte toptan Allah'a söz vermekte ve onlarla birlikte sözleşme yapmaktadır. Bu birlik/telik, bu ***biz*** ruhu, bu cemaat halinde bulunuş öylesine önemlidir ki; namaz kılan biri; *"İyyâke a'büdü ve iyyâke esta'în/*Yalnız Sana ibadet *ederim* ve yalnız Sen'den yardım *dilerim."* dese namazı bozulur. Öyleyse, namaz kılan bir mümin, bu ayeti okurken, Rabbine verdiği sözü sadece kendi adına değil, içinde bulunduğu İslâm cemaati adına, mümin kardeşleri adına da tekrarladığını bilmek zorundadır.

Bu sözleşmeden sonra, kısa bir nefes alır ve hemen bunu uygulamak için duâya başlarız:

"İhdina's-Sırâta'l-Müstakîm!" Yâ Rab! Bizi, dosdoğru yol olan Sırât-ı Müstakîm'e ilet! ***"Sırâta'llezîne en'amte 'aleyhim, ğayri'l-mağdûbi 'aleyhim ve le'd-dâllîn!"*** O Sırât-ı Mustakîm; kendilerine nimet verdiğin kimselerin yolu ve şeriatıdır. Allah'ın hışmına ve gazabına uğrayanların, sapıkların ve dalâlette olanların değil...

Bu duâ; istiânenin (yardım dilemenin) en güzel uygulama biçimi ve açıklamasıdır; çünkü, 'nesta'în' durağında nefes alırken, bu yardım talebine nereden ve ne suretle başlayacağımızı düşünmek kaçınılmazdır. İşte bu ihtiyacımıza cevap olarak Allah Azze ve Celle bu duâyı telkin ve emrediyor:

"***İhdinâ***: Bize hidayet et, rehberlik et, yol göster!" Kuru bir rehberlik ve yol gösterme değil istediğimiz. Hayra, ilahi lûtfa, Sırât-ı Müstakîm'e hidayet... Zaten şu veya bu amaca ulaşmak ve ulaştırmak için yapılan alelade bir kılavuzluğa 'hidayet' denmez. Hidayet; ancak gayesinde hayır ve güzellik bulunan bir rehberliktir.

Ey yüce Hâdî(yol gösterici)! Bizi, başka bir menzile veya yöne değil, *Sırât-ı Müstakîm*'e hidayet eyle! Ey dileyeni ve dilediğini hidayet eden, dileyeni, dilediğini saptıran Allahım! Bizi, 'kendisinde hiçbir eğrilik ve meyil bulunmayan, dosdoğru ve dümdüz bir yol olan' Sırât-ı Müstakîm'e; inişsiz ve yokuşsuz yola ulaştır! Bizleri, Allah'ın şeriatına; kendisinde en küçük bir eğriliğin, en ufak bir eksikliğin bulunmadığı şeriat-ı ilahiye'ye ulaştır ve orada sabit kıl!

Ey yüce Şâri'(şeriat koyucu)! Bizi hak yola, ilahi yola, İslâm'a ilet! Tüm peygamberlerin ve Hz.Muhammed'in yolu olan tevhid yoluna bizi ulaştır yâ Rab! O yol; kendilerini tâat ve ibadetinle, Sırât-ı Müstakîm'inle nimetlendirdiğin doğru kimselerin, nebilerin, şehidlerin, salihlerin ve muvahhidlerin yoludur.

Ve ey ilahi! Bizi, bildikleriyle amel etmedikleri için Allah'ın hışmına uğrayan, Cenab-ı Kahhâr'ın(kahredici) gazabına mahkum olan, Azîz ve zü'ntikam'ın (intikam sahibi Allah'ın) intikam aldığı kimselerin yolundan uzak eyle! Hele hidayete erdikten sonra sapanların, hidayetten uzak olan müşrik, münafık ve kafirlerin yoluna hiç yaklaştırma!

Âmin!

Şimdi, Kur'ân'dan kolayca okuyup anlayabilecek kadar(73/20) bir sûre/âyet okumaya sıra gelmiştir.

Kur'ân Okumak: Allah'ın Ziyafetine Katılmak

Yüce Rabbimizin *"Namazda Kur'ân'dan kolayınıza geleni okuyunuz!"*(73/20) emrine uyarak, Rasûlüllah(s.)'ın yaptığı gibi, namazda Fatiha'dan sonra ya uzunca bir âyet veya uzun ya da kısa bir sure okumak gerekir. Okunacak surelerin seçiminde, musallî(namaz kılan) kolayına geleni tercih etme hakkına sahiptir. Ancak, Rasûl-i Ekrem(s.)'in yaptığı gibi; sabah ve öğle namazlarında uzun, ikindi ve yatsı namazlarında orta, akşam namazlarında ise bazen kısa, bazen de uzun sureler okumak şüphesiz daha faziletlidir. Yine onun uygulamasını örnek alarak; sabah namazında Kâf ve Rûm, Tekvîr, Zilzâl, Felak ve Nâs, Mü'minûn (Cuma sabahları Secde ve İnsan) surelerini, öğle namazında bazen Secde, bazen de A'lâ ve Leyl ile Bürûc ve Târık sûrelerini, ikindi namazında öğle kıraatinin yarısı veya tamamı kadar, akşam namazında A'râf, Tûr veya Mürselât, bazen Sâffât ve Duhân, A'lâ ve Tîn, Felak ve Nâs sureleri ile kısa sureleri (ancak akşam namazında hep kısa sureler okumak hoş görülmemiştir), yatsı namazında ise Tîn, Şems, A'lâ, Leyl ve benzeri sûreleri okumak sünnete uygundur.

Fatiha'dan sonra okunacak olan Kur'ân surelerinin tilavetinde asl olan, tane tane, hakkını vere vere, hissederek ve yaşayarak kıraat etmektir. Bunu yapabildikten sonra, Allah'ın ziyafet sofrası olan Kur'ân'ın hangi bölümünden, hangi sure ve âyetlerinden okursak okuyalım, farketmez; çünkü, bu Kitab, "âyetleri düşünülsün ve aklı olanlar öğüt alsın diye indirilmiş mübarek bir kitabdır"(Sâd 38/29). "Şüphesiz bu Kur'ân, insanları en doğru yola götürür"(İsrâ 17/9).

Hz. Peygamber(s.) ve ashabı Kur'ân'ı nasıl gözyaşlarıyla, hüzünlenerek ve duygulanarak okuyor idiyse, sûre ve âyetleri öyle okumak gerekir:

Hz. Ömer(r.a) bir keresinde, yatsı namazını kıldırırken Yûsuf suresini okumaya başlamıştı. "Ben, taşan kederimi ve dayanılmaz üzüntümü yalnız Allah'a şikayet ediyorum." mealindeki ayete gelince öylesine duygulandı ki, yüksek sesle ağlamaya başladı. Öyle ki, en geri safta bulunanlar bile bunu işittiler.[30]

Yûsuf suresinin ilgili (83-87.) âyetlerini dikkatle ve hissederek gözden geçirelim:

"Babaları(Yakub) dedi ki: "Hayır, sizi nefisleriniz aldatıp böyle bir işe sürüklemiş. Artık bana güzelce sabretmek düşüyor. Umulur ki Allah hepsini birden bana geri getirir. Çünkü O, her şeyi bilir, hüküm ve hikmet sahibidir."

"Ve onlardan yüz çevirdi de: "Âh Yûsuf'um, âh!" / "Ey Yûsuf üzerindeki tasam, gel!" dedi. Ve içine gömdüğü üzüntüden gözlerine ak düştü. Artık yutkunuyor da yutkunuyordu.

"Dediler ki: "Hâlâ Yûsuf'u sayıklayıp duruyorsun. Allah'a yemin ederiz ki, sonunda eriyip gideceksin, tükenip helâk olacaksın. Hayret doğrusu!"

"Dedi ki: "Ben dayanılmaz kahrımı, kederimi ancak Allah'a şikayet ederim ve Allah tarafından sizin bilmediğiniz şeyleri de bilirim."

"Ey oğullarım, gidin de Yûsuf ve kardeşinden bir haber getirin. Allah'ın rahmetinden ümit kesmeyin; zira kâfirler topluluğundan başkası Allah'ın rahmetinden ümit kesmez."

Bu âyetleri okuyup da duygulanmamak, hüzünlenmemek mümkün mü?

O halde ey Müslüman! Sen de bu eşsiz şahsiyetleri örnek

alarak, Kur'ân okurken, anlamaya, hissetmeye, duymaya ve düşünmeye gayret etmelisin. Aksi halde, anlamını ve nelerden bahsettiğini bilmediğin mırıltılar, sana hiçbir şey kazandırmayacaktır.

Allah Adına Kıyâm, Allah İçin Rükû ve Secde

Allah için, Allah'ın rızasını kazanmak için namaza yönelip dünyayı elinin tersi ile geri iten, şeytandan Allah'a sığınıp düşüne düşüne Kur'ân okumaya başlayan mümin, kulluğunu sadece ağzı ve dili ile ifade etmekle yetinmez; ***beden dili*** ile de kulluğunu, teslimiyetini ifade eder:

> Müminin ellerini kaldırarak tekbîr alıp kıyâma durması, huşû içinde gözlerini secde mahalline dikip elini bağlaması, saygı ve korku duyarak Rabbinin önünde eğilmesi, ardından O'nu daha fazla yüceltip tesbih etmek için secdeye kapanması, nihayet tahiyyâta oturarak duâ ve niyazda bulunduktan sonra başını sağa ve sola çevirerek selâm vermesi... bütün bunlar ibadetin beden diline dökülmesidir.
>
> Namazın her rekatında tekrarlanan kıyâm, rükû ve secde eylemleri, yalnız ve yalnız Allah'a tapınmanın çeşitli merhalelerini oluştururlar. Kıyâmla başlayan ***tevhîd eylemi***, rükû ile bir ileri aşamaya taşınır; secde ile de doruğa ulaşır.

Yüzünü Kâbe'ye, özünü Allah'a yönelten mümin, *iftitah tekbiri* ile **kıyâm**a başlar. Kalbî bir teslimiyet ve derin bir tevâzû içinde Rabbinin huzurunda el-pençe divan durarak O'na duâ ve niyazda, hamdü senâda bulunur; O'nu tesbîh ve tenzîh eder; Kur'ân okur. Allah için ve Allah adına yapılan kıyâm, aynı zamanda yeryüzünde ilâhlık taslayan sahte tanrılara karşı da bir başkaldırı anlamına gelir. Zira mümin, Allah'tan başka hiçbir gücün ve otoritenin karşısında böylesine saygılı ve alçakgönüllü bir duruşta bulunamayacağının bilincindedir.

Rüku', kulun Allah'a boyun eğmesini ve her şeyiyle ona teslim olmasını ifade eden tevhîd eyleminin ikinci aşamasıdır. Rüku' eden bir mümin, bu davranışıyla sadece ve sadece Allah'ın gücü ve büyüklüğü karşısında eğilebileceğini; buna karşılık, mutlak Kahhâr(kahredici) ve Cebbâr(zorlayıcı) olan Allah'ın dışında hiçbir kuvvete aslâ boyun eğmeyeceğini ispat ve ilân etmiş olur. Rükuda yaptığı duâlarla hep bunu tekrar eder: ***"Sübhâne Rabbiy'el-Azîm"*** diyerek Azamet sahibi Rabbini tesbîh eder; yani O'nu noksan sıfatlara sahip yaratıklara benzemekten uzak bilir. Rüku, kulun Allah'a teslimiyetinin ve huşûun en güzel ifadesidir. Allah Rasûlü'nden(s.) rivayet edilen bir duâ, rükuda iken gönlümüzde canlanması gereken duygu ve düşünceleri şöyle dillendirir: ***"Ey Allahım! Senin için rüku' ettim; Sana îman ettim ve Sana teslîm oldum. Kulağım, gözüm, özüm/beynim, kanım, etim, kemiğim ve sinir sistemim Âlemlerin Rabbi olan Allah'a huşû etti."***

Rükudan doğrulup Âlemlerin Rabbi'ne sınırsız hamdü senâda bulunduktan sonra sıra ibadet ve itaatin zirvesi demek olan secdeye gelir. Kul, **secde**ye kapanarak benliğini, kibir ve gururunu yalnız ve yalnız Rabbinin huzurunda ayaklar altına aldığını ispatlar. Böylece en büyük güç ve otorite sahibi Yaratıcı'yı olabildiğince yüceltip tesbîh ederken, O'nun kuvvet ve kudreti karşısında kendi acizliğini ve hiçliğini itiraf ederken başka hiçbir varlığın karşısında böyle alnını yere sürerek kendini aşağılamayacağını ifade ve îlân eder. ***"Sübhâne Rabbiy'el-A'lâ"*** diyerek yüceler yücesi Rabbini daha bir ihlâsla tesbîh eder. Hz. Peygamber'den rivâyet edilen bir duâ secde psikolojisini yaşama noktasında bir hayli anlamlıdır: ***"Ey Allahım! Senin için secdeye kapandım; Sana îman ettim ve Sana teslîm oldum. Yüzüm, kendisini yaratıp ona şekil verene, onda göz ve kulak açana secde etti. Yaratanların en iyisi olan Allah ne mübârektir!"*** Mümin secdesinde bu duâyı düşüp hissederek kendisini topraktan yarattıktan sonra mahlukların en güzeli ve en şereflisi kılan Güzeller Güzeli Yaratan'a minnette bulunur. İki kez tekrarladığı secde ile, önce topraktan geldiğini ve tekrar toprak olacağını ifade eder. İşte bu ân, ***kulun Rabbine en yakın olduğu ân***dır: Yüce Yaratan kuluna ***"secde et ve yakınlaş"***(96/19) buyurur.

Son Oturuş: Tahiyyât, Teşehhüd ve Mi'râc

Saygı dolu bir kıyâmdan sonra eğilerek rükû' eden ve ardından daha da eğilerek secdeye kapanan; böylece her seferinde Rabbini olabildiğince yücelterek tevhîd eyleminin basamaklarından aşama aşama yukarı çıkan mümin, Hz. Muhammed(s.)'in mi'râca çıkarak Rabbi ile aracısız sohbet etmesi gibi, doğrudan doğruya Yaratan'ına kalbini açar, kulluğunu arzeder; yürekten duâ ve niyâzda bulunur, gönülden yalvarır, yakarır.

Önce Tahiyyât'ı okur:

التَّحِيَّاتُ لِلّٰهِ، وَالصَّلَوَاتُ، وَالطَّيِّبَاتُ، اَلسَّلَامُ عَلَيْكَ أَيُّهَا النَّبِىُّ
وَرَحْمَةُ اللّٰهِ وَبَرَكَاتُهُ، اَلسَّلَامُ عَلَيْنَا وَعَلٰى عِبَادِ اللّٰهِ الصَّالِحِينَ،
أَشْهَدُ أَنْ لَآ إِلٰهَ اِلَّا اللّٰهُ، وَأَشْهَدُ أَنَّ مُحَمَّدًا عَبْدُهُ وَرَسُولُهُ.

"Et-Tahiyyâtü li'llâhi ve's-salavâtü ve't-tayyibâtü; es-selâmü 'aleyke eyyühe'n-nebiyyü ve rahmetu'llâhi ve berekâtühû; es-selâmü 'aleynâ ve 'alâ 'ıbâdi'llâhi's-sâlihîn. Eşhedü en-lâ ilahe illa'llah ve eşhedü enne Muhammeden 'abdühû ve Rasûlüh."

Bu duâ ile; bütün tahiyyelerin(saygı, sevgi ve yüceltilerin), tayyibelerin(övücü ve güzel sözlerin), salavâtın(ibadet ve namazların) Allah'a has olduğunu kalbî bir imanla ikrar eder, onaylar; Nebî Muhammed'e salât u selâm gönderir; salih(Allah'ın razı olduğu) kullara rahmet ve bereket diler; sonra Allah'ın tek ve yegane ilâh olduğuna, Muhammed(s.)'in de onun kulu ve rasûlü olduğuna şahitlik eder.

Şimdi sıra, Allahu Teâlâ'nın; "Ey iman edenler, ona salât ü selam edin!" (Ahzâb 33/56) emrine uyarak, Rasûlüllah(s.)'ın öğrettiği şekilde kendisine salât ü selam getirmeye gelmiştir. Ancak, bu salât ü selamda İbrahim(a.s)'a da yer verilmelidir; çünkü Muhammed(s.) şöyle buyurmuştur: "Ben, atam İbrahim'in duâsı, kardeşim İsa'nın müjdesi ve annemin rüyasıyım."[31] Bu yüzdendir ki, Peygamberimize salât ü selam getirirken, Hz.İbrahim'i de unutmayız:

اَللّٰهُمَّ صَلِّ عَلٰى مُحَمَّدٍ وَعَلٰى آلِ مُحَمَّدٍ كَمَا صَلَّيْتَ عَلٰى إِبْرَاهِيمَ وَعَلٰى آلِ إِبْرَاهِيمَ إِنَّكَ حَمِيدٌ مَجِيدٌ. اَللّٰهُمَّ بَارِكْ عَلٰى مُحَمَّدٍ وَعَلٰى آلِ مُحَمَّدٍ كَمَا بَارَكْتَ عَلٰى إِبْرَاهِيمَ وَعَلٰى آلِ إِبْرَاهِيمَ إِنَّكَ حَمِيدٌ مَجِيدٌ.

"Allâhümme salli 'alâ Muhammedin ve 'alâ âl-i Muhammedin kemâ salleyte 'alâ İbrâhîme ve 'alâ âl-i İbrâhîme, inneke Hamîdün, Mecîd"

"Allâhümme bârik 'alâ Muhammedin ve 'alâ-âl-i Muhammedin kemâ bârekte 'alâ İbrâhîme ve 'alâ âl-i İbrâhîme, inneke Hamîdün, Mecîd"

"Ey Allahım! Muhammed'e ve Muhammed'in âline rahmet et! İbrahim'e ve İbrahim'in âline rahmet ettiğin gibi."

"Ey Allahım! Muhammed'e ve Muhammed'in âline bereket ver! İbrahim'e ve İbrahim'in âline bereket verdiğin gibi."

Mümin, bu salât u selâmın ardından annesine, babasına ve tüm müminlere hem bu dünyada hem öbür dünyada hayırlar ve esenlikler diler; cehennem azabından korunmayı diler, kendisinin ve zürriyetinin dosdoğru ve sürekli namaz kılanlardan olmasını diler, diler de diler... Allah ile kulu arasında hiçbir vasıtanın olmadığı bu son oturuş, âdetâ müminin namazdaki mi'râc ânı ve namazının hâsılası, ürün devşirme zamanıdır. Mümin, yüce Mevlâ'nın *"...Ben onlara çok yakınım; duâ edenin yakarışına her zaman karşılık veririm"* (Bakara 2/186) buyruğunun tam da bu duâ ve niyâz ânı için geçerli olduğunun bilinci içinde derûnî bir yalvarış ve yakarışla, korkarak ve umarak Rabbinden isteyebildiği kadar istemelidir.

رَبَّنَا آتِنَا فِى الدُّنْيَا حَسَنَةً وَفِى الْآخِرَةِ حَسَنَةً وَقِنَا عَذَابَ النَّارِ

"Rabbenâ âtinâ fi'd-dünyâ haseneten ve fi'l-âhirati haseneten ve gınâ azâbe'n-nâr"

"Ey Rabbimiz, bize bu dünyada da iyilik ver, ahirette de iyilik ver ve bizi Cehennem azabından koru." (Bakara 2/201)

رَبِّ اجْعَلْنِي مُقِيمَ الصَّلَاةِ وَمِنْ ذُرِّيَّتِي رَبَّنَا وَتَقَبَّلْ دُعَاءِ

"Rabbi'c'alnî mugîme's-salâti ve min-zürriyyetî, Rabbenâ ve tagabbel duâ"

"Rabbim, beni ve zürriyetimi, namazı dosdoğru kılanlardan eyle ve duâmızı kabul buyur." (İbrahim 14/40)

رَبَّنَا اغْفِرْ لِي وَلِوَالِدَيَّ وَلِلْمُؤْمِنِينَ يَوْمَ يَقُومُ الْحِسَابُ

"Rabbenâ'ğfirlî ve li-vâlideyye ve li'l-mü'minîne yevme yegûmü'l-hisâb"

"Rabbimiz, hesabın sorulacağı gün, beni, anamı-babamı ve müminleri bağışla." (İbrahim 14/41)

Nihâyet selamların en güzeli olan ***'es-Selâmü aleyküm ve rahmetullah'*** cümlesi ile sağında ve solunda bulunanların şahsında tüm inananlara, salihlere ve meleklere selâm verdiğinin bilinci içinde namazını bitirir; ama duâsı, niyâzı, hamdi, tekbîri, tesbîhi, zikri, fikri... bitmez; namaz heyecânı bir sonraki namaza kadar mümini diri tutmaya yeter.

Böylece mü'min, taptaze bir iman ve heyecan kazanarak ilahi alemden dünyevi aleme döner. Çevresindeki müminleri ve melekleri selamlayarak, Allah'a karşı olan görevini yerine getirmenin sevincini yaşar. O, namazın başından bu yana okuduğu âyetler ve duâlar, yaptığı zikir, tesbih, hamd ve tekbirler ve sadece Allah'ın rızasını talep ederek yerine getirdiği, kıyam, rükû ve secdelerle gerçek bir inkılap yaşamış ve enerjik bir inkılapçı haline gelmiştir. Bu devrimci heyecan, onun namazdan sonra ve gün boyu duâ, zikir ve tesbihe devam etmesini ve Rabbini unutmamasını sağlar.

Namazın Sonundaki Zikir, Tesbih ve Duâlar

Namazın bitiminde, selamdan sonra yapılacak duâ ve zikirler hakkında Rasûlülah(s.)dan aktarılan bazı rivayetler şöyledir:

اَللّٰهُمَّ أَنْتَ السَّلَامُ وَمِنْكَ السَّلَامُ تَبَارَكْتَ يَاذَا الْجَلَالِ وَالْإِكْرَامِ.

"Allâhümme ente's-selâmü ve minke's-selâm. Tebârekte yâ ze'l-celâli ve'l-ikrâm"

"Allahım! Sen Selam'sın ve selamet (emniyet) de senden gelir. Sen'in şanın yücedir, ey celâl ve ikram sahibi!"

لَآ إِلٰهَ إِلَّا اللَّهُ وَحْدَهُ لَا شَرِيكَ لَهُ، لَهُ الْمُلْكُ وَلَهُ الْحَمْدُ، وَهُوَ عَلٰى كُلِّ شَيْءٍ قَدِيرٌ، لَا حَوْلَ وَلَا قُوَّةَ إِلَّا بِاللّٰهِ، وَلَا نَعْبُدُ إِلَّا إِيَّاهُ، أَهْلَ النِّعْمَةِ وَالْفَضْلِ وَالثَّنَاءِ الْحَسَنِ، لَآ إِلٰهَ إِلَّا اللَّهُ مُخْلِصِينَ لَهُ الدِّينَ وَلَوْ كَرِهَ الْكَافِرُونَ.

"Lâ-ilâhe illallâhu vahdehâ lâ-şerîke leh. Leh'ül-mülkü ve leh'ül-hamdü ve hüve 'alâ-külli şey'in kadîr"

"Bir olan Allah'tan başka ilah yoktur ve O'nun ortağı da yoktur. Mülk O'nundur, hamd de O'nadır. O her şeye kâdirdir."

Rasûl-i Ekrem(s.) şöyle buyurdu: "Kim her namazın arkasında otuzüç defa '*Sübhânallah*', otuzüç defa '*elhamdülillah*, otuzüç defa '*Allâhu ekber*' der ve yüz adedini de: "*Lâ-ilâhe illallâhu vahdehû lâ-şerîke leh; leh'ül-mülkü ve leh'ül-hamdü ve hüve 'alâ-kül-*

li şey'in kadîr." diyerek tamamlarsa, onun günahları deniz köpüğü kadar çok olsa bile, Allah onu affeder".

Yine Peygamberimiz her namazın sonunda 'âyet'el-kürsî'yi, Felak ve Nâs ile İhlas surelerini okumayı tavsiye buyurmuştur.

4. BÖLÜM

Namaz ve Mümin

Namazın İkâme ve İdâmesi: Dosdoğru ve Devamlı Namaz Kılmak

Namazı dosdoğru kılmak için, namazın özüne ve ruhuna ilişkin yukarıdaki açıklamalara ilaveten şekline de titizlikle uymak gerekir. Esasen, namazın derûnî ve ruhi boyutu, bir bakıma şeklî boyutu olmadan gerçekleşemez. Kıyam, rükû, secde, kade gibi temel bedensel eylemler, hiç kuşkusuz derin ruhi ve psikolojik anlamlar içeren sembolik hareketlerdir. Bu bakımdan, sözü edilen her hareketin tam olarak yapılması; o hareketler sırasında yapılan duâ ve zikirlerin anlam kazanması bakımından elzemdir. Acele ile, daha rükû'a tam varmadan doğrulmak, tam doğrulmadan secdeye gitmek ve hemen secdeden kalkmak, daha oturmadan tekrar secdeye gitmek... Bütün bunlar, namazın şekli ve aslı olan bedensel unsurları eksik bıraktığı gibi, namazın manasını ve ruhunu da zedeler.

Namazı ***ikâme etmek***, namazı ayakta tutmak demektir. Kur'ân'da namaz kılmayı emreden âyetlerde *'qâme'* fiilinden türeyen *"eqîm'us-salâte"*, *"yuqîmûn'es-salâte"* gibi ifadelerin kullanılması dikkat çekicidir. Allah namazı, ikâme lafzından başkasıyla emretmemiş, ondan başkasıyla da övmemiştir. *İkâme*; "birşeyi kaldırıp dikmek, düzeltip doğrultmak, dosdoğru yapmak, özenle ve şartlarına riayet ederek uygulamak, devamlı ve itibarlı hale getirmek" anlamlarına gelir. Dolayısıyla, *namazı ikâme etmek*; onu ta'dîl-i erkan ile rükünlerinin hakkını vererek, huşû içinde, dosdoğru bir şekilde kılmak ve hatta kıldırmak demek olur. Namaz için emr-i bi'l-ma'rufta bulunmak, ona engel olacak şeyleri ortadan kaldırmak, başkalarına namazı hatırlatmak, emretmek ve öğretmek de namazı ikame kapsamına girer.

"Ailene namazı emret, kendin de ona devam edip sabret!"(Tâhâ 20/132)

Namazı itibarlı, devamlı hale getirmek, insanları namazdan alıkoyan her tür psikolojik ve fiilî baskıya karşı direnmek, mücadele etmek ve namazı sürekli muhafaza etmek de namazın ikamesi ile alakalıdır.

"Namaz dinin direğidir; onu terkeden şüphesiz dini yıkmış olur."[32] hadîsi açısından konuya bakarsak, namazı ikame etmek; dinin bu temel direğini, yani sütununu inşa edip dikmek, sapasağlam hale getirmek şeklinde de yorumlanabilir. Bir çadırın ayakta kalabilmesi için temel direğin, bir binanın yükselebilmesi için temel sütunların önemi ne ise, İslâm dini için de namaz odur. İslâm binasının temeli imanla atılacak, direk ve sütunları da namazla dikilecektir.

Bu yüzdendir ki, Kur'ân tevhid'den sonra ilk olarak namazı emretmiştir. Yine Kur'ân, tevhid çizgisinde olanların namaz konusundaki hassasiyetleri vurgulanırken; daha sonraki sapıtan topluluğun en belirgin vasfı olarak da 'namazı zayi etmelerini' zikreder:

"İşte bunlar, Allah'ın nimet verdiği peygamberlerden, Âdem neslinden, Nuh ile beraber gemide taşıdıklarımızın neslinden, İbrahim ve İsrâil(Yakub) neslinden yol gösterdiğimiz ve seçtiğimiz kimselerdir. Onlara Rahmân'ın âyetleri okunduğu zaman *ağlayarak secdeye kapanırlardı.*

"Onlardan sonra yerlerine öyle bir nesil geldi ki, *namazı zayi ettiler* ve şehvetlerine uydular. Bunlar da azgınlıklarının cezasına uğrayacaklardır." (Meryem 19/58-59)

Namazı ikame etmek, ***idâme*** ile yani onu sürekli, kesintisiz, devamlı kılmakla mümkündür. Rabbimizin namazla murat ettiği hikmet ve faydaların ortaya çıkması ve bunların bir ömür boyu kulun hayatını süslemesi için namaza aralıksız devam etmek şarttır. Hiçbir şey onun kılınması için bir engel teşkil etmez: Ne meşgale, ne iş, ne eş ve ne de savaş!

Namaz; her halde, her ortamda ve her durumda kılınmalı ve asla terkedilmemelidir:

Darlıkta da, bollukta da namaz!

Meşguliyette de, boşlukta da namaz!

Hastalıkta da, sıhhatte de namaz!

Savaşta da, barışta da namaz!

Fakirlikte de, zenginlikte de namaz!

Yolculukta da, evindeyken de namaz!

İhtiyarlıkta da, gençlikte de namaz!

Hâsılı; hiçbir bahane ve hiçbir gerekçe namazı terketmeyi gerektirmez.

Su mu bulamadınız? O halde teyemmüm edeceksiniz.

Cami veya mescid mi bulamadınız? İşte tüm yeryüzü!

Yolculukta mısınız? O halde namazı kısaltır veya iki vakti birleştirebilirsiniz.

Savaşta mısınız? O halde binekte, yahut yaya, yahut da nöbetleşe namaz kılarsınız.

Hasta mısınız? O halde oturarak, yahut başınızla, yahut da gözünüzle namaz kılabilirsiniz.

Özetle: Bütün bu durumlarda Rabbimizi unutmamak, hep hatırlamak, O'na hamd, duâ ve niyazda bulunmak ancak namazla mümkündür. Ve namaza devam edebilmek elbette bir sabır-sebat işidir; bir irade eğitimidir. Bitmeden, tükenmeden, bir ömür boyu, her türlü psikolojik hal ve ortamda namaza devam edebilmek, Allah'tan hakkıyla korkan salih kulların vasfıdır. İşte böylesine kesintisiz bir namaz, mü'mini sabırlı, iradeli, azim, karar ve sebat sahibi bir insan haline getirecektir.

Namaza devam etmek, sadece zor ve güç anlarda önem kazanan bir husus değildir. Huzur ve refah ortamında da namaza devam edebilmek, şüphesiz bir sabır ve sebat işidir. Hatta diyebiliriz ki; rahat, huzurlu ve imkanların bol olduğu ortam ve zamanlarda namazı muhafaza edebilmek, sıkıntılı ve meşakkatli anlarda namaza devam etmekten daha güç bir iştir.

"Nice adamlar vardır ki, ne bir ticaret, ne de bir alışveriş, onları Allah'ın zikrinden, namazı ikame etmek ve zekatı vermekten alıkoymaz." (Nûr 24/37)

Kur'ân, müminlerin en belirgin vasıflarından biri olarak "*Onlar namazlarını korurlar.*" (6/92; 23/9; 70/34) buyurur. Namazın dosdoğru kılınması için devamlılığına ilaveten bir de ***muhafazası*** gereklidir.

Namazın devamlılığı, vakit açısındandır yani namazı terketmemeyi ifade eder.

Namazın korunması ise; namazdan önce, namaz esnasında ve namazdan sonra, hâl ve hareketlere dikkat etmek suretiyle onu mükemmel hale getirmeye özen göstermektir.

Namaz öncesinde: Namaz vaktini dikkat ve hasretle beklemek, abdest, elbise ve yer temizliği, cemaat ve cami konusunda özenli olmak gibi hazırlıklara ilave olarak; kalbi dolduran dünyevi ve şeytani vesveseleri, dürtüklemeleri bir kenara bırakmak, Allah'tan gayrı sevgi ve saygı duyulan her türlü canlı ve cansız varlığa itibar etmemek, tâğût'a karşı isyanı tazelemek, kalbi bütün İslâm dışı düşünce ve fikirlerden arındırmak, namaz için alınacak ilk koruma tedbirleridir.

Namaz esnasında: Namazın, insanı Allah'ın huzuruna yükselten bir mirac olduğunu düşünerek, onun hikmetinin farkına vararak, başka düşünce ve duygulara iltifat etmeyerek, okunan âyetlerin ve duâların anlamlarını yaşayarak, Allah'ı zikrederken kalbi titreyerek, kıyam, rükû ve sücûdun ifade ettiği derin manaların farkına vararak namaz kılmak da, namazı muhafaza etmenin ikinci ve en önemli basamağıdır.

Namazdan sonra: Namazla gerçekleştirilen ruhi inkılabı canlı ve diri tutabilmek için; Allah'ı zikr ve tesbih etmek, O'nun emir ve yasaklarını sürekli hatırda tutup emirlerini yerine getirmek için gayret sarfetmek, yasaklarından kaçınmak konusunda kararlı olmak da namazı koruma tedbirlerindendir.

Bütün bunların dışında, namazı korumak; namazı hakkıyla kılmaya mani olacak engelleri, etkenleri ve güçleri bertaraf etme anlamını da içerir. Ortadan kaldırılması gereken şeyler; cami ve mescidlere gidilmesine veya fiilen namazın kılınmasına engel olan çeşitli kuvvetler olabileceği gibi, namazın dosdoğru kılınmasına imkan vermeyen her türlü düşünce, anlayış, duygu, psikolojik hal ve maddi faktör de olabilir.

İşte tüm bu engellerle mücadele edip onları ortadan kaldırmak da namazı muhafaza için şarttır.

Namazda Huşû

Kur'ân ve sünnet; insanların yaptıkları ibadet ve tâatlerin, ancak huşû ve hudû içinde eda edilmesi ve yalnızca Allah'a has kılınması halinde makbul sayılacağını ve o kişiyi felaha ulaştıracağını beyan eder.

"Namazlarında huşû içinde olan müminler muhakkak felaha ermişlerdir."(Mü'minûn 23/1-2)

Kur'ân, peygamberlerin ve salihlerin en belirgin özelliği olarak *huşû, inâbe, ihbât, kunût* gibi kavramlardan söz eder. Bütün bu kelime ve kavramlar Allah'a gönülden boyun eğmeyi, O'na derin bir saygıda bulunmayı, acziyet ve alçak gönüllülük içinde olmayı, kalbin titremesini, tüylerin ürpermesini... ifade ederler. Bu kavramların hepsini kuşatıcı olması bakımından, huşû kavramı odak alınabilir.

Huşû; aslı kalbde, fakat belirtileri bedende olan bir eylemdir.

Huşû; kalbin huzur ve saygıyla dolması, bedenin de sakin ve hareketsiz olmasıdır.

Huşû; kalbin yalnızca Allah'a teslim olması, O'ndan başka birşeyle meşgul olmaması, O'nun zikriyle tatmin olup huzur bulmasıdır.

Huşû Allah'ın huzurunda bulunmanın, yalnızca O'nu düşünmenin, biz O'nu görmesek de O'nun bizi gördüğünü hissetmenin verdiği vecd halidir.

Huşû; fizikî ve maddi benlikten kurtulup, manevi ve ilahi benliğe bürünmenin adıdır.

Tanımlanan manada huşû duyarak kılınan namaz; mü'mini felaha, huzura ve sükuna kavuşturacaktır. Huşû içindeki namaz kılmak ise; ancak dosdoğru, ta'dîl-i erkâna riayet ederek, kıraatin hakkını verip onu tefekkür ederek, sağa sola iltifat etmeyip dünyadan koparak ve kalbini Allah'a teslim ederek gerçekleştirilir.

"Onlar ki, Allah anıldığı zaman *kalpleri titrer*." (Hacc 22/35)

"*Ağlayarak yüzleri üstü secdeye kapanırlar* ve (Kur'ân) onların huşûunu artırır." (İsrâ 17/109)

Namazdaki bütün fiilî, fikrî, lisanî ve kalbî eylemler huşû ile doğrudan alakalıdır: Önce, Allah'ın huzurunda, ayakta el-pençe divan durup hafif başı öne eğik durumda saygıyla kıyamda bulunmak, sonra eğilip sırtını dümdüz tutarak haşyet içinde rükûa varmak, daha sonra da yere kapanıp alnını toza toprağa sürerek tevazu ve tezellülün zirvesine ulaşmak... Bütün bunlar, kulun namazda huşû'a ermesini ve kendisini Allahu Teâlâ'nın yüceliği karşısında hiçe saymasını sağlayan davranışlardır.

Yine, namazda okunan âyetlerin derin derin düşünülmesi de kalbin huşûunu artıracaktır.

İmam Gazâlî, namazda huşûun sağlanması için şu altı şarttan söz eder:

1. *Huzur-ı kalb*: Kalbi tümüyle okunan şeye bağlamak, onları düşünmek, başka bir şey düşünmemek.

2. *Tefehhüm*: Okunanın ve söylenenin manasını anlamak, onları düşünüp tefekkür etmek.

3. *Ta'zîm*: Kölenin efendisine duyduğu ve gösterdiği saygıdan daha fazlasını Allah için göstermek.

4. *Heybet*: Bu saygıdan kaynaklanan bir korku hissi duymak.

5. *Recâ*: Kusurlardan dolayı Allah'ın azabından çekinmek ve namazda Allah'a saygı duyup korkulduğu için de sevap ummak.

6. *Hayâ*: Kusur ve hataları hatırlayıp anlayarak Allah'tan hayâ etmek.[33]

Hz. Peygamber'in(s.) üzerinde bazı işaretler bulunan yeni bir elbise ile namaz kıldıktan sonra, "*Namazdayken işaretlere baktım; az kalsın huşûumu bozacak, beni fitneye düşürecekti*" diyerek elbiseyi geri gönderdiği, yine bir keresinde, namazda huşûuna engel olan yeni bir nalını, bir diğerinde de yüzüğü namazdan sonra çıkarıp attığı veya bir başkasına hediye ettiği rivayet edilir.

Sahabe ve ilk nesiller de onu örnek alarak, namazda huşû konusunda son derece titiz davrandılar:

Ensardan Ebû Talha, bir gün bahçesinde namaz kılıyordu. O sırada bir kumru uçtu ve ileri geri gidip gelmeye başladı. Çıkacak bir yer arıyordu. O, Ebû Talha'nın hoşuna gitti; gözü ona bir müddet takıldı kaldı. Sonra kendine gelip namaza devam etmek istedi. Baktı ki, kaç rekat kıldığını bilmiyor. Bunun üzerine "Vallahi, bana şu malım yüzünden bir fitne isabet etti de kaç rekat namaz kıldığımı dahi bilemedim." dedi ve hemen Rasulüllah(s.)'a gelip durumu anlattı ve "Ey Allah'ın Rasûlü! şu bahçem Allah için sadakadır. Onu dilediğin yere sarfeyle!" dedi.[34]

Bu türden örnekleri çoğaltmak mümkündür. Ancak bilinmesi gereken husus şudur ki; namazla mü'minin arasına giren bu engelleri ortadan kaldırmadan huşû içinde namaz kılmak oldukça zordur.

Namazda huşû duymayı engelleyecek bu pratik örneklerin dışında; bazı düşünceler, hayaller, kuruntular, vesveseler de namazı zedeleyebilecek unsurlar olarak karşımıza çıkar. Zaten, şeytanın görevi, insanların gönlüne çeşitli vesvese ve düşünceleri fısıldayarak onlara Allah'ı anmayı unutturmaktır:

"O, insanların göğüslerine (kötü düşünceler) fısıldar."(Nas 114/5)

"Şeytan, onlara Allah'ı anmayı unutturmuştur."(Mücadele 58/19)

Namazda huşû'a engel olan etkenleri ortadan kaldırmak ve şeytani vesveselerden kurtulmak için, şeytandan Allah'a sığınmak ve kalbini Allah'a teslim etmek şarttır. Zira, dünyadan kopmadan, dünyevi ilgi, sevgi ve düşüncelerden kurtulmadan ve her şeye veda ederek Allah'ın yüce denetimini ense kökünde hissetmeden de namazda huşû'a ermek mümkün olmaz.

Bu yüzden Rasûlüllah(s.) şöyle buyurdu:

"Namaz kıldığın zaman, *veda eden* gibi namaz kıl!"[35]

"Her namazınızı, son kez namaz kılıyormuşçasına ve Allah'ı görüyormuşçasına kılın.! O'nu görmüyorsanız da muhakkak O sizi görüyor."[36]

Namaza dururken Allah'ı anmak, O'nun bizi görüp gözettiğini hissetmek, Allah'ın huzurunda mutlaka hesaba çekileceğimizi ve bu hesap için amellerimizin dökümü yapıldığında iyilik hanemize yazılacak en son ibadetin işte şu kıldığımız namaz olabileceğini düşünmek, bir sonraki namaz vaktine yetişip yetişemeyeceğimize dair bir garantimizin olmadığını hatırlamak, adeta bu fani dünyada son demlerini geçiren bir insanın psikolojik halini yaşamak... İşte bu duygularla namaza başlamak, başından sonuna kadar namazda huşû içinde bulunmamızı sağlamaya yetecek de artacaktır bile.

Zaten; Allah'ı, âyetlerini, cennet ve cehennemini; yaratma, öldürme ve diriltme kudretini, azametini ve yüceliğini hatırlamaktan başka ne ile kalpler tatmin bulup huzura ve sükuna kavuşacaktır?

"Dikkat edin; ancak Allah'ın zikri ile kalpler mutmain olur." (Ra'd 13/28)

Namaz ve Ruh Eğitimi

Hz. Peygamber(s.)'in şu hadisi, namazın mükemmel bir ruh eğitimi olduğunu vurgular:

"Şüphesiz namaz; ancak ağırbaşlılık, alçakgönüllülük, yalvarma, yakarma ve pişmanlık duymadır. Elini kor; 'Allahım! Allahım!' dersin. Kim böyle yapmazsa o bir eksikliktir."[37]

Namaz; mümini ruhen yücelten, onu maddi, manevi kir ve paslardan arındıran, fahşâ ve münkerden alıkoyan, nefsin ve şeytanın esaretinden kurtaran, kibir, gurur ve bencillik gibi hastalıkları tedavi eden, vakar ve tevazu duygularını artıran mükemmel bir ibadettir.

- Namaz; mümini Allah katına yükseltip O'na kavuşturan bir mi'râcdır.

- Namaz; kalbi pekiştiren, ona kuvvet ve metânet kazandıran bir nûrdur.

- Namaz; gönülleri ferahlatan, ruhları aydınlatan bir şifadır.

- Namaz; fani ve fena olan şu dünyadan, ebedi olan ilahi aleme açılan bir penceredir.

- Namaz; mümini gerçek özgürlüğüne kavuşturan ruhi bir inkılaptır.

- Namaz; ömür boyu, her türlü hal ve ortamda sürekli devam eden bir sabır eğitimidir.

- Namaz; günlük hayatın akışını beş kez durdurup düzenleyen, vakti en verimli ve en yararlı bir biçimde kullanmayı sağlayan bir hayat nizamnamesidir.

- Namaz; müminin günlük faaliyetleri hakkında düzenli olarak Rabbine hesap vermesini sağlayan bir otokontrol mekanizmasıdır.

- Namaz; duâ, zikir, tevbe, istiğfar, şükür, hamd, tesbih, tenzih gibi ögeleriyle mümini manen eğiten ve olgunlaştıran bir ibadetler bütünüdür.

Kur'an; namazın mümini "fahşâ" ve "münker"den alıkoyduğunun altını çizer:

"Muhakkak namaz, *fahşâ(iğrenç) ve münker(kötü) şeylerden vazgeçirir.*"(Ankebut 29/45)

Huşû içinde namaz kılan her mümin, Allah'ın haram kıldığı şeylerden uzak durmaya ve onlara yaklaşmamaya çalışacaktır. Çünkü namazla bu tür olumsuzlukları bağdaştırmak mümkün değildir; ateşle barutu bir arada tutmak nasıl imkansızsa, namazla fahşâ ve münkerin aynı kişide bulunması da öylesine imkansızdır. Namaz kılan bir kimse, en azından namaz kıldığı süre içinde haramlardan uzak kalacak demektir. Bu da, fahşâ ve münkeri tamamen terketmek için ilk adım sayılır.

Namaz; müminin, o ana dek işlediği hata ve günahların farkına varması, bunlardan dolayı tevbe ve istiğfarda bulunması için ele geçmez bir fırsattır. Böylece, kendi kendini hesaba çekecek, Rabbinden af ve bağışlanma dileyecektir:

"Rabbimiz! Günahlarımızı bağışla, kötülüklerimizi ört ve erdemlilerle beraber canımızı al!" (Âl-i İmran 3/193).

Namaz kılan mümin, namaz ve salih amellerin kötülükleri örttüğünün bilincindedir:

"Gündüzün iki tarafında ve gecenin (gündüze) yakın saatlerinde namaz kıl; çünkü *iyilikler (hasenât), kötülükleri giderir.* Bu, ibret alanlara bir öğüttür."(Hûd 11/114)

Rasûlüllah(s.) bir keresinde;

-"Beş vakit namaz kılan, evinin önünde bol miktarda akan tatlı bir suya günde beş defa dalıp yıkanan gibidir. Bu adamda kir namına bir şey kalır mı?" dedi.

-"Hayır, birşey kalmaz!" dediler. Rasûlüllah;

-"Suyun kiri giderdiği gibi, beş vakit namaz da günahları yok eder." buyurdu.[38]

NAMAZ, İNSANDAKİ BİRTAKIM OLUMSUZ ÖZELLİKLERİ YIKAYIP TEMİZLEMEKLE KALMAZ. AYRICA ONA OLUMLU VE GÜZEL NİTELİKLER DE KAZANDIRIR: NAMAZ; MÜMİNİ ERDEMLİ, İYİLİKSEVER, DİĞERKÂM VE SORUMLULUK BİLİNCİNE SAHİP BİR İNSAN YAPAR. ONU SABIRLI, OLGUN, AĞIRBAŞLI VE ALÇAKGÖNÜLLÜ BİR İNSAN HALİNE GETİRİR.

Namaz Bir Sabır Eğitimidir

Kur'ân namazla sabır arasında doğrudan ilişki kurar:

"Ey iman edenler! *Sabırla ve namazla* yardım dileyin! şüphesiz bu, huşû duyanlardan başkasına ağır gelir." (Bakara 2/45).

"Ey iman edenler! *Sabırla ve namazla* yardım dileyin! şüphesiz Allah sabredenlerle beraberdir." (Bakara 2/153)

Gerçekten *sabır* ve *namaz,* davetçi müminin en belirgin iki hasleti olmalıdır.

Bu konuda şehid Üstad Seyyid Kutub'un yorumuna kulak verelim:

"Kur'ânda sabır tekrar tekrar zikredilir; zira Allah(c.c), insanların bunca nefsani arzu ve isteklerin baskısı altında doğru istikamette yürümelerinin zorluğunu, bunca çekişmeler içinde ve engeller karşısında hak davasını hakim kılmanın azametini, fertlerin gerilen sinirleri, iç ve dış düşmanlara karşı bütün yardımcı kuvvetleri uyanık tutmanın zorluğunu çok iyi biliyor ve o yüzden bunlara karşı sabırlı olmayı emrediyor.

Allah'ın emirlerine karşı sabır!.. Hakka karşı gelenlerle cihad etmek için sabır!.. Zaferin gecikmesine karşı sabır!.. Bâtılın çığırtkanlığına ve yayılışına karşı sabır... Nefsin süflî arzularına karşı sabır... İnsanların inatçılığına ve sapıklığa meyline karşı sabır...

Eğer meydanda tayin edilmiş bir müddet, iyi hazırlanmış bir yol azığı yoksa, zaman uzayıp zorluklar artınca sabır azalır veya tükenir. Bunun için yüce Allah Kur'ân'da sabırla namazı aynı paralelde zikrediyor. Namaz; kurumayan bir kaynak ve hazinedir. Sabır ipi yalnız namazla uzar ve namazla olduğu müddetçe kopmaz. Namaz, sabra Allah rızasını, tatlı yüzü, iç huzurunu, güveni ve yakîni ekler.

Karşılaşılan iş, insanoğlunun zayıf tâkatini aşınca, mutlaka o büyük varlıktan yardım dilemek mecburiyetindedir Nefsani arzuları yenmenin, hak yolda azimle yürümenin ve zulümle cihad etmenin zorlaştığı zamanlarda insanoğlunun o ezeli ve ebedi güce sarılmaktan (namazla yardım dilemekten) başka çaresi yoktur. Şu sınırlı ve fani hayatta yollar uzayıp şiddetler artar, hedefe bakınca henüz ön belirtilere bile rastlamadığı ve ömrün zevale doğru yöneldiğini gördüğü zamanlarda elbette o bitmez ve tükenmez ilahi kuvvete (namaza) sarılmak mecburiyetini duyar. Şer hareketlerin yayıldığı, hayırlı faaliyetlerin gizlendiği, ufukta ışık belirtilerinin görülmediği, yolda işaretlere rastlanmadığı zamanlarda, elbette yöneliş yalnız O'na olacaktır.

İşte bu gibi dar zamanlarda namazın gerçek hüviyeti ortaya çıkar. Namaz; bir zerrecik damlayla, bitmez tükenmez derya arasında buluşma yeri ve zamanıdır. Namaz; fani olan şu insanoğlunun, bu daracık kara parçasının sahasından uçup kâinatı kuşatan ilahi kudretin sahasına süzülüşüdür. Namaz; kızgın çöl güneşinin altında serin bir ağaç gölgesi gibidir. Namaz; üzgün ve yorgun gönüllerin, şefkatli bir el tarafından okşanışıdır. Bunun için Rasûlüllah(s.) zorluklarla karşılaştığı, işinin çok olduğu yorgun zamanlarda, gönlünü ilahi haşyetin derinliklerine bırakmak için, 'Bizi ona (namaza) çağır ya Bilal!' derdi".[39]

Namaz Huzur ve Sükun Kaynağıdır

Namaz, müminler için bir sığınak ve şifadır; ferahlama ve ilahi huzura kavuşma aracıdır.

Mü'min, günde beş kez abdest alarak yıkanıp temizlenir, ayıplarını örtüp kapatır, yüzünü kıbleye, kalbini de Allah'a yöneltir, dünyevi endişe ve kaygıları bir kenara bırakır, şeytani vesveseleri terkeder, bütün vücudu ve organları ile Allah'a teslim olup yürekten tekbir alır ve namaza koyulur. Kendi basit dünyasından kurtulup sıyrılır ve ilahi aleme dalar. Rabbine yalvarır yakarır, pişmanlığını ifade eder. Hâlik-ı zü'l-Celâl'le hasbıhal eder. O'nun mübarek kelamını terennüm ederek, âyetlerin mana derinliklerinde kaybolur. Saygıyla ayakta durur, eğilip rükû eder, secdeye kapanır, doğrulur, tekrar secde eder; böylece kıyam, rükû ve sücûdu tekrarlar durur. Oturur, duâ ve niyazda bulunur, tevbe ve istiğfar eder. Nihayet bu ulvi miracını selamla noktalar.

Böylece; dünyevî koşuşturmanın sebep olduğu stresten patlayacak hale gelen, sıkıntı ve bunalımlarla kararan mustarip gönüller namazla hafifleyip huzur ve sükun bulur. Böyle bir namaz; huşû duyan müminler için bir zevk ve neşe kaynağı olurken; namaza üşene üşene kalkan, imanlarına zulüm katan ve gösteriş için namaz kılanlara ise ağır gelir ve bir *yük* olur.

"İkiyüzlüler, Allah'ı aldatmaya çalışırlar. Oysa O, onların aldatmalarını kendilerine çevirir. *Namaza kalktıkları zaman da üşene üşene kalkarlar, insanlara gösteriş yaparlar*, Allah'ı pek az anarlar."(Nisa 4/142)

Nafile Namazlar ve Gece Namazı "Gece Neş'esi"

İslâm fıkhında, genel olarak, farzların dışında kalan bütün namazlara *"nafile namaz"* denilirse de, yaygın olarak bilindiği üzere; farz, vacip ve sünnet namazların dışında kılınan ilave namazlar yani nafile namazlar, mümine manevî derinlik kazandıran ibadetlerdir. Bir kere, dilimizde anlam kaymasına uğrayarak "boşuna" anlamına kullanılır olan "nafile" kelimesi, bu ibadet türünü tanımlamakta eksik kalır. Zira nafile namazlar, -hâşâ- boş yere kılınan değil, 'zorunlu ve gerekli olana ilave' olarak kılınan namazlardır ve müminin hayatını bütünüyle ibadete dönüştürürler. Beş vakte ilave olarak, hayatın diğer ânlarında da Allah'ı anmak, düşünmek, O'na şükretmek, ihtiyaçları O'na arzetmek için kılınan nafile namazlar, kulluk bilincini sürekli diri tutar. Gece kalkılarak kılınan *Teheccüd namazı*, mescidlere girildiğinde kılınan *Tahiyyetü'l-mescid* (mescidi selâmlama) *namazı*, kuşluk vaktinde dört ya da fazla rekat olarak kılınan *Duhâ/Kuşluk namazı*, Allah'ın bir lûtfuna kavuştuğunda kılınan iki rekat *Şükür namazı*, bir bir işi yapmakla yapmamak arasında tereddüt edildiğinde, iki rekat olarak kılınan "hayırlı olanı isteme" anlamında *İstihare namazı*, bir ihtiyacı ve arzusunun giderilmesi için iki rekat olarak kılınan, "Allah'tan yardım dileme" anlamında *İstiâne/Hâcet namazı*, dört rekat olarak kılınan *Tesbih namazı*, akşam namazından sonra kılınan altı rekat

Evvâbîn namazı, güneş ve ay tutulduğu zaman (dünyayı, ayı ve güneşi bir hesap üzere yörüngelerinde hareket ettiren Allah'ın gücünü hatırlamak için) kılınan *Küsûf ve Husûf namazı* bu cümledendir. Hattâ deprem, şiddetli rüzgâr, sürekli yağmur ya da yağmurun yağmaması, yıldırım ve salgın hastalık... zamanlarında da Allah'ı hatırlamak, O'na sığınmak ve O'ndan yardım dilemek için nafile namaz kılınır. Böylece hayatın her ânı, her aşaması ibadet haline gelir.

Nafile namazlar içinde en güçlü olanı ve insanı Allah'a en çok yaklaştıranı, gece kalkılarak kılınan "Teheccüd namazı"dır. Zira, Allah(c.c), *"kıyâmü'l-leyl"*'i yani *"gece kalkması"*'nı Hz. Peygamber'in(s.) şahsında, onun misyonunu üslenen tüm müminlere, mümin davetçilere emreder. Ve gece kıyamı sadece Teheccüd namazı için değildir; daha ziyade ağır ağır, anlaya anlaya, düşüne düşüne Kur'ân okumak içindir. Müzzemmil sûresinin ilk âyetleri şöyledir:

"Ey örtüsüne bürünen!

Birazı hariç ***gece kalk!***

(Gecenin) Yarısı kadar ya da ondan biraz eksilt.

Veya bunu artır ve ağır ağır ***(tertîl üzere) Kur'ân oku!***

Doğrusu Biz sana (sorumluluğu) ağır bir söz indireceğiz.

Gerçekten ***gece neş'esi/kıyâmı,*** *(kalp ve uzuvlar arasında)* ***tam bir uyuma*** *ve* ***sağlam bir kırâate*** *daha elverişlidir.*

Çünkü gündüz senin uzun süre uğraşacağın şeyler vardır." (Müzzemmil 73/1-7)

Müzzemmil suresinin 6.âyetinde gece kıyamı için kullanılan tabir çok dikkat çekicidir: ***nâşi'etü'l-leyl*** yani ***gece neş'esi***!.. Gecenin dinginliğinde kalkıp namaz kılarak, hulûs-u kalble Kur'ân okuyarak o dingin vakitte riyasız bir ulvî neş'e yaşamak!..

Âyetin devamında; ancak böyle sakin bir zaman diliminde dil ile gönül/kalp arasında tam bir harmoni ve uyum sağlanabileceği, *'(sorumluluğu) ağır sözün'* yani Kur'ân'ın daha iyi anlaşılabileceği vurgulanır. Kuşkusuz, Kur'ân'ı, gereği gibi, yürekten okuyabilmek ve âyetleri üzerinde yeterince düşünüp mesajlarını gereği gibi kavrayabilmek için en uygun zaman, mekân ve ortam seçilmelidir. Tevhid mücadelesinin en zorlu aşamasında, tevhîdî hakikatleri vahye dayalı olarak olanca kesinliği ve netliği ile anlatma aşamasında olan Rasûl'üne(s.) yüce Rabbimizin ***"gece kıyâmını/neş'esi"***ni emretmesi gerçekten düşündürücüdür. Gündüz vakitleri zorlu bir mücadeleye girecek olan, bütün çabasını insanlara davasını anlatmak için harcayacak olan bir davetçinin gece ciddi anlamda bir fikrî hazırlık yapması ve anlatacağı hakikatleri iyice zihnine yerleştirmesi gerekmektedir. İşte bu fikrî/kalbî hazırlığın yapılabileceği en elverişli zaman; göz, kulak ve dil ile kafa, gönül ve kalb arasında tam bir harmoni ve uyumun sağlanabileceği gece vakti gibi dingin ve sakin bir zaman dilimidir...

Herkesin uykuya daldığı, insan zihninin en uyanık ve en zinde olduğu, sessiz, sakin ve riyasız bir ortamda **kıyâmü'l-leyl**'de bulunup huşû içinde ibadet etmek ve uzun uzun, ağır ağır yani ***tertîl üzre*** Kur'ân okuyup tefekkür etmek... İşte gece kıyâmını, ***nâşi'etü'l-leyl*** yani ***gece neş'esi*** haline getirmek bu olmalıdır. Müzzemmil 73/6'da geçen ***"eşeddü vat'en"***(tam bir uyum) ibaresinin anlamı da bunu işaret eder: Üstad Mevdûdi'nin açıkladığı üzere[40]; gerçekten de gece vakti, kalb ile dil arasında tam bir harmoni oluşturmak için çok elverişli bir ortamdır. Bu ortamda kul ile Allah arasına başka bir engel giremez; dolayısıyla kişi, diliyle ne söylüyorsa kalbinin sesi de aynı şeyi söyler. Yine aynı âyette geçen ***"ekvamu kiylen"***(sağlam bir kıraat) ifadesi de şu anlama gelir: Gece vakti, Kur'ân'ı sakin, huşû içinde ve yüreğinde duya duya okumaya, dolayısıyla onu en iyi bir şekilde anlamaya çok uygun bir zamandır. Gündüz vakti ise, gerek meşguliyetlerin çokluğu ve gerekse insanın dikkatini dağıtan, zihnî çabasını zayıflatan etkenlerin çeşitliliği sebebiyle okuma, anlama ve kavramaya pek fazla uygun bir zaman dilimi değildir. İbn Abbas'a göre, ***"okumaya daha elverişlidir"***den maksat, **Kur'ân'ı anlamak, Kur'ân'da fıkıh sahibi olmak** demektir.

O halde, günümüzün davetçileri ve özellikle genç öncüleri, gecelerinin bir bölümünde namaza kalkarak ve Kur'ân'ı ağır ağır tertîl üzere okuyup anlayarak tefekkür etmek sûretiyle gece neş'esini yaşamalıdırlar. Böyle bir fikrî ve kalbî hazırlık yapmadan, davetin zorluklarına katlanmak, tepkilere göğüs germek mümkün olmayabilir. Davetçi gece kıyamında okuduğu vahiyden beslenmeli ve güç almalıdır ki, ayağı sürçmesin ve asla yılgınlığa, bıkkınlığa, umutsuzluğa düşmesin.

5. BÖLÜM

Namaz ve Toplum

Bireyselleşmeyi Önleyen Toplumsal İbadet: Cemaatle Namaz

Namazın cemaatle kılınması, her ne kadar farz kılınmamışsa da, neredeyse farza yakın bir güçlü sünnet olarak takdir olunmuştur.

Allahu Teala "Rükû edenlerle beraber rükû ediniz!"(Bakara 2/43) buyurur.

Peygamberimiz(s.) cemaatle namaz kılmayı teşvik etmiş ve *cemaatle kılınan namazın, tek başına kılınan namazdan yirmiyedi kat faziletli olduğu*nu açıklamıştır.[41]

Kur'ân'ın ilk inen sûrelerinden Fatiha sûresi -ki onsuz namaz olmaz- daha İslâm'ın ilk günlerinde müslümanlara cemaat olmalarını emretmiş ve namazın cemaat halinde kılınmasını işaret buyurmuştur: Fatiha suresinde yer alan odak cümle '*İyyâke na'büdü ve iyyâke nesta'în.*'dir. Bu ifadenin tekil olarak kullanılması caiz olmayıp namazı bozar; yani müslüman; yalnız Allah'a kulluk edeceğine ve yalnızca O'ndan yardım dileyeceğine dair Rabbi ile sözleşme imzalarken, bunu sadece kendi adına yapamaz. İster dar anlamda, isterse de en genel anlamda olsun, *müminler cemaati* adına Allah'a söz verir ve çoğul bir ifade kullanır: "*Biz* yalnız sana *kulluk ederiz* ve yalnız senden *yardım dileriz*". Yine aynı şekilde çoğul bir ifade ile şöyle niyazda bulunur: "*Bizi* dosdoğru yola(Sırât-ı Müstakîm) ilet!.." Görüldüğü gibi, Allahu Teâlâ müminlerden, fert olarak değil cemaat olarak and istiyor.

İşte bu âyetle Allahu Teâlâ, daha İslâm'ın ilk yıllarında müslümanlara, artık ***ben*** değil, ***biz*** olmaları gerektiğini ifade buyurmuştur. Bu âyet, cemaat fikrini, namaz kılan her mü'minin kafasına sadece teorik olarak değil pratik olarak da yerleştirmektedir; çünkü cemaat, müşterek bir ruha ve sosyal bir misaka dayanır. Bu misak/sözleşme ise, *iyyâke na'büdü ve iyyâke nesta'în*le gerçekleşir. Namaz kılıp Fatiha suresini okuyan bir mümin, dünyada tek başına da kalsa; bir *cemaat* olması gerektiğine inanacak, hiç olmazsa geçmişte yaşamış olan salihler ve nebiler cemaatinin, zaman ve mekan boyutunu aşan evrensel *muvahhidler cemaati*nin devamı olduğunu hissedecektir. Namaz kılanlar iki kişiyse, ya da daha fazlaysa, bu durumda cemaat fiilen teşekkül etmiş demektir. Artık onlar cahiliye'den bağımsız, aralarında istişare eden, karar alan, uygulayan, saldırıları birlikte göğüsleyen, birbirlerine dayanıp güvenen, kurşunla kaynatılmış duvarlar gibi hareket eden, iyiliği emreden, kötülükten alıkoyan, hayra çağıran, hakkı ve sabrı tavsiye eden bir cemaattir.

"Rablerinin çağrısına icâbet ederler, namazı kılarlar; işleri aralarında istişâre iledir. Kendilerine verdiğimiz rızıktan infak ederler. Bir zulüm ve saldırıya uğradıkları zaman, (birbirlerine yardım ederek) kendilerini savunurlar." (Şûrâ 42/38-39)

Şûrâ suresinin Mekke döneminde, henüz İslâm cemaatinin

oluşum aşamasında nâzil olması dikkat çekicidir. Bu âyetlerde; İslâm cemaatinin birinci eylemi ***namaz***, ikincisi ***istişare***, üçüncüsü ***infak***, dördüncüsü ise ***zulme başkaldırma*** olarak açıklanmıştır.

Bu bağlamda, Kur'ân'da **"namaz"**la **"zekât"**ın sürekli olarak birlikte emredilmesi oldukça önemli bir husustur. (Kur'ân'da *"namazı kılın ve zekâtı verin"*, *"namaz kılanlar ve zekât verenler"* vb. şekilde namaz ve zekâtın bir arada zikredildiği otuz civarında âyet vardır: 2/43, 83, 110, 177, 277; 4/77, 162; 5/12, 55; 9/5, 11, 18, 71... Ayrıca *"namazı kılıp kendilerine rızık olarak verdiklerimizden infak edenler"*(2/3; 8/3) vb. şeklindeki âyetler de buna eklenirse, namazın zekât ve infak gibi sosyal dayanışmayı amaçlayan malî ibadetlerle tamamlanmasının ısrarla vurgulandığı daha açık ve net olarak anlaşılır.)

Demek ki Müslümanlar, cemaat halinde omuz omuza namaz kılarak birlikte olma ve beraber hareket etme şuuru kazanan, istişare ederek yapacakları faaliyetleri birlikte kararlaştıran, Allah için maddi fedakârlıklarda bulunup yetimi, yoksulu doyuran, zulüm ve baskılara karşı hep beraber direnen organize bir topluluktur.

"Allah, kendi yolunda kurşunla kaynatılmış binalar gibi saf bağlayarak çarpışanları sever." (Saff 61/4)

Cemaat halinde namaz kılıp saf bağlayarak omuz omuza hareket etmeye alışan, birbirine kenetlenen, bir duvarın tuğlaları haline gelen müslümanlar ancak Allah yolunda birlikte savaşabilirler.

Cemaat ile *namaz* arasındaki sıkı bağı daha iyi anlamak için, bazı namazların sadece cemaatle kılındığı hatırlanmalıdır. Cuma namazı, bayram namazı, cenaze namazı, yağmur duâsı namazı mutlaka cemaatle kılınır. Bunlar tek başına kılınmazlar. Günde beş vakit cemaat namazının dışında, Cuma, Bayram, cenaze gibi üzüntülü ve sevinçli anlarda, daha kalabalık sayıda ve farklı insanlarla birlikte kılınan cemaat namazları, müslümana sürekli olarak, yalnız olmadığını, şerefli ve birbiriyle kaynaşmış bir cemaatin üyesi olduğunu hatırlatır.

Mahalle veya köyünde, kendi yöresindeki müslümanlarla günde beş vakit cemaat halinde namaz kılarak bütünleşen müslümanlar, Cuma namazları için daha kalabalık ve daha büyük Cuma camilerine giderek diğer müslümanlarla da tanışma ve kaynaşma fırsatı bulur, fikir alış verişi yaparlar. Bayram namazları, çok daha kalabalık müslümanlar grubunu biraraya getirir. Bu namazlar, hac mevsiminde Kabe-i Muazzama'da kılınırsa, bütün dünya müslümanları biraraya gelerek, madden ve ruhen kaynaşıp tek bir yürek olurlar.

Cuma ve Bayram Namazları

İslâm'da cemaat şuuru, büyük ölçüde Cuma namazlarıyla ortaya çıkar. Zaten, *cum'a* kelimesinin anlamı *toplanmak*tır. 'Cemaat' ve 'cami' kelimeleri de aynı anlamın değişik formlarından ibarettir.

> Cuma günü, müslümanlar için bayram günüdür. O gün gusül abdesti alınır, güzel elbiseler giyilir, misvaklanılır, temizlenip kokular sürünülür. Bütün müslümanlar, her hafta, mümkün olduğu kadar büyük camilerde toplanarak, adeta bir miting havası içinde, birlik ve dayanışma duygularını tazelerler.

"Ey iman edenler! Cuma günü namaz için çağırıldığınız zaman Allah'ı anmaya koşun, alışverişi bırakın! Eğer bilirseniz, bu sizin için daha hayırlıdır. Namaz kılındıktan sonra yeryüzüne dağılın ve Allah'ın lûtfundan (nasibinizi) arayın! Allah'ı çok anın ki, kurtuluşa eresiniz." (Cum'a 62/9-10)

Cuma günü, Cuma namazında okunan hutbe, bu namaza apayrı bir özellik kazandırır. Cuma hutbesi; İslâm'ın emir ve yasaklarını hatırlatan, müslümanlara siyasi şuur kazandıran, müslümanların haftalık tebliğ ve faaliyet programını tayin eden, onların heyecanını artıran, imanını tazeleyen, aktüel gelişmeler karşısında nasıl hareket edeceklerini belirleyen konuşma ve direktifler bütünüdür.

Rasûlüllah(s.), hutbeye başladığında gözleri kızarır, sesi yükselir, öfkesi artardı. Bir orduyu uyarırcasına söze başlardı. İbn Kayyım el-Cevzi, *Zâdü'l-Meâd*'da, Peygamberimizin hutbesi hakkında şunları söyler:

"Hutbesinde tevhid'i ve hidayeti açıklar, Rab olan Allah'ın vasıflarını ve iman prensiplerini hatırlatır, insanları Allah'a yönelmeye çağırırdı. Allah'ın nimetlerini hatırlatarak şükrü ve zikri emrederek insanları Allah sevgisine yöneltirdi. Hutbe sonunda onlar Allah'ı, Allah da onları sever şekilde dağılırlardı.

"Sonra aradan uzun zaman geçti, peygamberlik nuru gizlendi. Görevler; amaç ve içeriği gözetilmeksizin yerine getirilen protokollere dönüştü. Bu protokolle biçimlendirip süslediler, dokunulmaz geleneklere çevirdiler. Hutbeler; secîli metinlerin ve güzel söz söyleme maharetinin sergilendiği konuşmalara dönüştürüldü. Dolayısıyla temel amaç olan kalplerin payı hutbelerin dışında kaldı".[42]

Hz.Peygamber(s.)'in hutbesi canlı, dinamik ve günceldi. Müslümanlar, onun hutbesinden aldıkları feyiz ve heyecanla hafta boyunca coşuyorlardı. Allah Rasûlü(s.), hutbelerinde sadece konuşmasıyla değil, jest ve mimikleriyle, ses tonuyla ve lisân-ı hâliyle de insanları etkiliyor ve insanlar günlerce bu konuşmaların heyecanını duyuyordu. Ashabın gündemini bu konuşmalar belirliyordu. Bazen, hutbede bir müminin sorduğu soru cevaplandırılıyor, bazen de gördüğü bir hatayı hutbeden ikaz ederek düzeltiyordu.

Ne yazık ki, bugün cumalar müslümanların bayramı olma özelliğini yitirmiş, Cuma namazlarındaki çoşku ve heyecan, yerini miskinliğe bırakmıştır. Cuma hutbeleri ise; ruhsuz, hissiz, heyecansız, basmakalıp konuşmalara dönüşmüştür. Hatta, çoğu İslâm ülkelerinde, minberler, resmî ideolojilerin alkışlandığı, İslâm dışı görüş ve anlayışların empoze edildiği, bâtıl ve hurafelerin, geleneklerin, gereksiz anma günlerinin hatırlatılıp tekrar edildiği mekanlar haline gelmiştir.

Cuma namazlarının tekrar eski canlılığına kavuşması, Cuma günlerinin müslümanlar için gerçekten bayram haline gelmesi, İslâmi değişime hız verecek; hutbelerin, müminleri harekete geçiren, yön veren, uyaran, gündem belirleyen konuşmalar haline gelmesi, bu değişime ciddi bir ivme kazandıracaktır.

Bayram namazları ise; müslümanların kaynaşmasını, kardeşlik duygularının pekişmesini, iman ve heyecanlarının tazelenmesini sağlayan törensel ibadetlerin en geniş kapsamlısıdır. Bu yüzdendir ki, bütün müslümanların katılımına imkan verecek daha geniş bir mekanda kılınması sünnettir.

Rasûlüllah(s.), Ramazan ve Kurban Bayramı namazlarını Medine'nin dışında boş ve geniş bir alan olan *Musallâ*'da kıldırırdı. Çocukların, yetişkin kızların ve kadınların da bayrama katılmalarına izin verir ve hatta teşvik ederdi. Ancak, özürleri sebebiyle namaz kılamayan hanımların kenardan müslümanların oluşturduğu o muhteşem kalabalığı, törenlerini ve duâ edişlerini seyretmelerini tenbih ederdi.[43]

Bütün müslümanlar, her bayram büyük kalabalıklar halinde, hep birlikte tevhid ve tekbiri tekrarlarlar: "*Allâhu ekber! Allâhu ekber! Lâ-ilâhe illa'llâhu vallâhu ekber! Allâhu ekber ve li'llâh'il-hamd!..*"

Hac'da toplu olarak kılınan namazlar, yağmur duâsı namazları, cenaze namazları, ay ve güneş tutulması namazları da cemaat şuurunu, vahdeti, birliği ve dayanışmayı güçlendiren namazlardır.

Cami ve Mescid

'Müslümanları toplayıp bir araya getiren' anlamındaki *cami* ve 'secde edilen mekan' anlamınaki *mescid*, Allah'ın adının anılması için tesis edilen yerlerdir.

"Şüphesiz *mescidler hep Allah'ındır*. Onun için, Allah ile birlikte hiçbir şeye duâ/ibadet etmeyin!" (Cin 72/18)

"Allah'ın mescidlerinde, Allah'ın adının anılmasına engel olan ve onların harap olmasına çalışandan daha zalim kim vardır?" (Bakara 2/114)

Cami ve mescidler, Allah'ın adının anılması, şanının yüceltilmesi ve yalnızca O'nun rızası için cemaat halinde kıyam, rükû ve sücûdda bulunulması için tesis edilmiştir. Cami ve mescidlerde, Allah'dan başka ilahlaştırılıp putlaştırılan kişilere, kurum ve ideolojilere övgüler düzülüyorsa, onlara duâ ediliyor ve onlardan medet bekleniyorsa, bu mekanlar fonksiyonunu yitirmiş demektir.

Allah Rasûlü(s.) tarafından Medine'de oldukça basit ve sade olarak inşa edilen Mescid-i Nebevî'nin temel işlevi; cemaat halinde namaz kılınan yer olmasıydı. Ancak, mescid, İslâm'ın ilk günlerinde sadece bir ibadet mahalli değil, tümüyle hayatın merkezi ve mihveri idi. Cami, İslâm devletinin hükümet binası ve İslâm davetinin karargahı idi. Bir eğitim ve öğretim merkeziydi. Yabancı elçiler orada kabul edilirdi. Hatta, hapishane ve misafirhane olarak dahi kullanılıyordu.[44]

Camiler; ilim ve hidayetin fışkırdığı bir pınar, ıslah ve irşad nurunun parladığı bir ışık kaynağıdır.

Camiler; tebliğ, organizasyon ve mücadele için müslümanların eğitildiği bir kışladır.

Camiler; müminlerin sosyal, siyasi, kültürel tüm sorunlarının çözüme kavuşturulduğu huzur evleridir.

Camiler; toplumsal hayatın, dayanışmanın, İslâmi etkinliklerin merkezi ve odak noktasıdır.

Özetle; camiler, bir ibadet ve hareket merkezi olup İslâmi değişimin yönlendirildiği bir karargâhtır.

Hz.Peygamber(s.) döneminde; 'suffe ashabı' mescidde yatar, kalkar, ilim öğrenir ve öğretirlerdi.

Müslümanların kendi aralarından seçtikleri en faziletli ve bilgili kişiler olan imamlar; her namazdan sonra cemaate dönüp Allah'ın âyetlerini okur, açıklamasını yapar, onların sorularını cevaplar, görüşlerini alır ve tavsiyelerde bulunur. Namaz vakitleri dışında da vaaz ve öğütleriyle halkı aydınlatıp eğitirler.

Müslümanlar günde beş vakit bir araya gelip birbirleriyle tanışır, konuşur, ısınır ve kaynaşırlar. Birbirlerinin problemlerinden haberdar olur, sevgi ve merhametle yardımlaşırlar. Hz.Peygamber(s.) müslümanların birçok sosyal problemi camide konuşur ve çözüme kavuştururdu.

Müslümanlar birbirlerinin dostu, velisi ve yardımcısıdırlar. Bu, onların aynı imana sahip olmalarından, aynı kitaba uymalarından, aynı kıble'ye yönelmelerinden, birlikte omuz omuza namaz kılıp rükû ve secde etmelerinden kaynaklanır.

İnsanların giderek yalnızlaşıp bireysel sorunlarıyla başbaşa bırakıldığı çağımızda; cemaat namazları vesilesiyle günde birkaç kez bir araya gelebilmek, her bir müslüman için ne büyük bir rahmettir!

Cenazeden nikah ilanına kadar, müminin hayatındaki acı-tatlı pek çok olayın yaşandığı ve böylece müslümanların birbirleriyle kaynaşıp kenetlendiği mekanlar camilerdir. Caminin ve cemaat halinde kılınan namazların, saf düzeninin, müslümanların kalbî bağlarının güçlenmesinde çok önemli bir yeri vardır: Öyle ki; saflar sık ve düzgün olmalı, omuzlar arasında boşluk kalmamalıdır.

Camide **sosyal dayanışma**yı güçlendiren çok önemli bir husus da; ekonomik ve sosyal statü bakımından farklı seviyedeki insanların aynı safta omuz omuza namaz kılmalarıdır. Orada zengin-fakir, âmir-memur, yönetici-yönetilen, güçlü-zayıf gibi hiçbir ayırım söz konusu değildir. Daha geniş boyutta kalabalıklarca kılınan cemaat namazlarında (örneğin Hac'da) bu eşitlik çok daha net olarak ortaya çıkar. Renk, dil, coğrafya, gelenek vb. gibi farklılıklar böyle bir durumda tamamen ortadan kalkar. Bütün müslümanlar, tek bir gaye için aynı türden hareketleri tekrarlar dururlar. Aynı kıbleye doğru bir tek Allah'a duâ ve niyazda bulunmak için, aynı kitabın âyetlerinden okuyarak ibadet ederler. Hep birlikte ve aynı anda kıyam, rükû ve secdede bulunurlar. Bu öyle bir birliktir ki; sathi değil, zihinlere ve gönüllere yerleşen bir birlik... Görünüşte, düşüncede, gayede, sözde, harekette, gizlide, açıkta ve herşeyde tecelli eden bir birlik... Suheybleri, Selmanları, Bilalleri kardeş yapan bir birlik...

Ve Cami, müminlerin her türlü istişare ve organizasyonlarını yaptıkları bir parlamentodur. "Tevbe edenler, ibadet edenler, hamd edenler, (Allah için) seyahat edenler, rükû edenler, secde edenler, iyiliği emredip kötülükten alıkoyanlar"(9/112)dan oluşan bir parlamento... Yöneticilerin, izleyecekleri siyaseti, metodu, düşünce ve tasarılarını açıklayıp üyelerin görüş ve müzakeresine sunduğu bir meclis.

Hz. Ebû Bekir halife seçildiği zaman, camide mü'minlere hitap ederek İslâmi organizasyonun temel prensiplerini hatırlatmıştı:

"Ey insanlar! İstemediğim halde, büyük bir işin başına getirildiğimi biliyorum. Ancak Allah'ın yardımı ile bu işi başaracağım. Bu işi adaletle yapabilecek Rasûlüllah'ın ashabından birine her zaman vermeye hazırım... Ben de sizden biriyim.

Ey müslümanlar! Allah'ın himayesinde olan birşeyden dolayı hesaba çekilmek istemiyorsanız, onu hemen yerine getiriniz. Şeytan beni yoldan çıkarabilir. Kızdığımı gördüğünüz zaman, size bir zararımın dokunmaması için benden uzak durunuz! Ey insanlar! Beni murakabe etmekten geri durmayınız. Eğer dürüst hareket edersem, bana yardım ediniz! Şâyet yanlış bir hareketim olursa, hatamı düzeltiniz! Allah'a itaat ettiğim müddetçe bana itaat ediniz; O'na isyan edersem siz de bana isyan ediniz!"[45]

İmamın, namazdan sonra arkasını mihraba, yüzünü cemaate dönüp oturması, duâ için olmayıp kendisini imam seçen cemaatle istişare ve tartışmaya başkanlık etmek içindir. Müslümanlar, cemaat namazlarına katılarak; danışmayı, fikirlerini açıklamayı, karar vermeyi, uygulamayı, birlikte hareket etmeyi, imama uymayı, organize olmayı ve cemaat halinde mücadele etmeyi öğrenirler.

Namaz, Tebliğ ve Mücadele

Namaz; baştan sona bir tevhid eylemi olup bir cihad hazırlığıdır. İlk olarak *'Allâhu ekber!'* sloganıyla namaza başlanır; en büyük sıfatının yalnızca Allah'a ait olduğu, O'nun dışındaki tüm varlıkların bir hiç olduğu ve sadece Allah'ın 'ilah ve rab' olarak kabul edilebileceği ilan edilir. Ezanda, kâmette, kıyama başlarken, rükû ve secdeye varılırken, otururken, kalkarken ve namazın sonunda sürekli tekrarlanan bu mübarek kelime, 'tevhid'in en özlü ifadesidir. Bu ifadeyi her gün yüzlerce kez tekrar eden bir muvahhid, zamanla o hale gelir ki, artık o, sadece Allah'ı seven, sadece O'nu yücelten, O'ndan yardım dileyip O'ndan medet bekleyen, O'na tevekkül edip güvenen, O'nun için sevip O'nun için buğzeden, O'nun için dost olup O'nun için düşman olan, O'ndan ümitlenip O'ndan korkan... hâsılı yalnızca O'na kulluk eden bir insan haline gelir.

'Allâhu ekber!' şiarını sadece diliyle değil, tüm bedeni ve gönlüyle haykıran bir mümin, Allah'ın dışında büyüklük taslayan, 'ilahlık' ve 'rablık' iddia eden tüm kişi ve kuruluşlara, bütün kuvvet ve otoritelere karşı zihinlerden başlayarak her alanda bir savaş açmış demektir.

Namazda sadece tekbirle değil, her vesileyle Allah'ın ilahlığı ve rablığı ifade ve ilan edilir: 'Sübhâneke Allâhümme...' duâsında "Senden başka ilah yoktur!" ifadesi yeralır. Fatiha'da "Yalnız sana ibadet eder ve yalnız senden yardım dileriz." Denilir. Kur'ân'dan okunan her sure ve âyet, mü'minlere hep 'tevhid'i hatırlatır. Rükû'da "Azamet sahibi Rabbimi tesbih ve tenzih ederim." Denilerek Allahu Teâlâ, bu dünyada huzurunda eğilinen varlıklara benzemekten uzak bilinir. Secde'de; "Yüceler yücesi Rabbimi tesbih ve tenzih ederim." Denilerek, huzurunda yere kapanılacak tek varlığın Allah olduğu ifade edilir. Tahiyyât'ta; ibadet kasıtlı bütün davranışların yalnızca Allah'a ait olduğu vurgulanır ve "Allah'tan başka ilah olmadığına, Muhammed'in O'nun kulu ve Rasûlü olduğuna" şehadet edilir.

Namazdan sonra yapılacak duâ ve zikirler, yine hep aynı mihver etrafında döner durur: Allâhu ekber!; Lâ-ilâhe illa'llâhu vahdehû lâ-şerîke leh. Leh'ül-mülkü ve leh'ül-hamdü ve hüve 'alâ-külli şey'in kadîr. Lâ-havle ve lâ-kuvvete illâ bi'llâh.

Kunût ve Mücadele Bilinci

Rasûlüllah(s.) vitir namazının son rekatında, rükûa varmadan önce kunût okurdu. Ayrıca, zorluk günlerinde de, beş vakit namazda son rekatta secdeye inmeden önce de kunût okurdu.

İbn Abbas'tan gelen rivayete göre, Rasûlüllah(s.) bir ay arka arkaya öğle, ikindi, akşam, yatsı ve sabahleyin, her namazın arkasında, son rekatta 'Semi'Allâhu li-men-hamideh!' deyince Benî Süleym, Rial, Zekvan, Useyye kabileleri aleyhinde bedduâ okudu, arkasındakiler de 'Âmin!' dedi.

Peygamberimiz(s.) bu kabileleri İslâm'a çağıracak kişiler göndermişti. Onlar da bu davetçileri şehid etmişlerdi. İkrime; 'İşte kunût'un esası budur' der. Ebû Hureyre de; 'Nebi aleyhisselam bir kimseye duâ veya bedduâ etmek istediği zaman, rükûdan sonra kunût okurdu' der.[46]

Bazan Rasûlüllah(s.); 'Semi'Allâhu li-men-hamideh!'den sonra 'Rabbenâ ve leke'l-hamd!' der ve şöyle duâ ederdi: "Allahım! Velid bin Velid'i, Seleme bin Hişam'ı, 'İyaş bin Ebî Rebî'i ve mü'minlerden zayıf olanları kurtar. Allahım! Mudar kabilesine baskını artır! Onlara Yûsuf zamanındaki kıtlık gibi kıtlık ver!"[47]

Kunût; gerek yıl boyu sürekli olarak vitirde (Şâfiîlere göre, sabah namazının ikinci rekatında rükûdan sonra) gerekse bela ve musibet zamanlarında beş vakit yapılsın, her halükarda müslümanların içinde bulunduğu genel durumla yakından alakalıdır. Kunût duâları, imanı güçlendirmeye, Allah'a tevekkülü artırmaya, Allah'ın düşmanlarına karşı kin duyup tavır almaya ve cihada hazır olmaya yönelik duâlardır.

Hanefîlerce tercih edilen ve İbn Mes'ud'dan rivayet edilen kunût duâsı bu açıdan çok anlamlıdır:

اَللّٰهُمَّ إِنَّا نَسْتَعِينُكَ وَنَسْتَغْفِرُكَ وَنَسْتَهْدِيكَ وَنُؤْمِنُ بِكَ وَنَتُوبُ اِلَيْكَ وَنَتَوَكَّلُ عَلَيْكَ وَنُثْنِى عَلَيْكَ الْخَيْرَ كُلَّهُ نَشْكُرُكَ وَلَا نَكْفُرُكَ وَنَخْلَعُ وَنَتْرُكُ مَنْ يَفْجُرُكَ.

اَللّٰهُمَّ اِيَّاكَ نَعْبُدُ وَلَكَ نُصَلِّى وَنَسْجُدُ وَاِلَيْكَ نَسْعٰى وَ نَحْفِدُ نَرْجُوا رَحْمَتَكَ وَنَخْشٰى عَذَابَكَ اِنَّ عَذَابَكَ بِالْكُفَّارِ مُلْحِقٌ.

"Allâhümme innâ nesta'înüke ve nestağfiruke ve nestehdîke ve nü'minü bike ve netûbü ileyke ve netevekkelü aleyke ve nüsnî aleyke'l-hayra küllehû neşküruke ve lâ-nekfüruke ve nahla'u ve netrukü men-yefcüruke. Allâhümme iyâke na'büdü ve leke nusallî ve nescüdü ve ileyke nes'â ve

nahfidu nercû rahmeteke ve nahşâ azâbeke, inne azâbeke bi'l-küffâri mülhık"

"Ey Allahım! Biz, Sen'den yardım ve mağfiret dileriz. Sen'den hidayet dileriz. Sana iman ederiz. Sana tevbe ederiz. Sana tevekkül ederiz. Tüm övgü vasıflarıyla Sen'i överiz. Sana şükrederiz. Sana nankörlük etmeyiz. Sana muhalefette bulunup isyan edeni hal'ederiz (görevinden azledip atarız) ve terkederiz. Allahım! Yalnız Sana ibadet ederiz. Ancak Sen'in için namaz kılar, Sen'in için secde ederiz. Koşmalarımız ve çabalarımız yalnız Sana yaklaşmak içindir. Sen'in rahmetini umarız. Sen'in azabından korkarız. Şüphesiz Sen'in azabın kötülere yakışır".

Böylece, müminler, günde en az bir kez vitirde ya da sabah namazında kunût yaparak, kunût dûalarını okuyarak; Allah'a isyan eden, O'nun dinine savaş açan, yoldan çıkıp günah batağına saplanan, müslümanlara zulmeden kimselerin ve otorite sahiplerinin görevlerine son vereceğine dair söz vermiş olurlar.

Bu konuda Allah'a söz verirken, müslümanlar öncelikle şunu bilmelidirler ki; bu söz, ferdî yani *tekil* değildir. Tam tersine *çoğul*dur: *Nahla'u ve netrukü men-yefcüruke;* yani, "Biz müminler cemaati olarak, fâcirler güruhunun saltanatına son verir ve onları terkederiz. Bunu er veya geç Allah'ın izni ile gerçekleştiririz. Onlarla asla uzlaşmayız. Onların payandası olmayız. Zulme ve küfre karşı tavır alırız":

"Allah'a isyan edip aşırı gidenlerin emrine itaat etmeyin!" (Şuarâ 26/151)

Hz.İbrahim beraberindeki müminlerin, inkarcı olan kavimlerine karşı takındıkları tavrı örnek alırız:

"(Hz. İbrahim kavmine dedi ki:) "Biz, sizlerden ve Allah'tan başka tapmakta olduklarınızdan gerçekten uzağız. Sizi tanımayıp inkar ettik. Sizinle aramızda, siz Allah'a bir olarak iman edinceye kadar ebedi bir düşmanlık ve bir kin başgöstermiştir." (Mümtehine 60/4)

Kunût duâsının, bir mü'minin hayatındaki etkisini gösteren çarpıcı bir kıssa:

"Hindistan'da, geçen asrın tevhid ve cihad önderlerinden Ahmed b. İrfan'a (v. 1246 H.) arkadaşlık yapmış olan alimlerden biri, dişinden rahatsızlanıyor. Çok uzak olan yerinden kalkıp bir diş hekimine geliyor. Yorgun argın hekimin gelmesini bekliyor. Nihayet hekim geliyor; fakat gelince de Allah'tan başkasına tazim olan bir tapınmada bulunuyor. Bunu gören alim, öğrencisine 'Gidelim!' diyor. Derhal kalkıp oradan uzaklaşıyor. Yolda öğrenci hocaya 'Bugünkü gibisini görmedim. Uzun mesafeden hekim için geldiniz ve çok da beklediniz. Hekim gelince de kalkıp tedavi olmadan geri döndünüz!' diyor. Hoca 'Sen ne diyorsun! O gelir gelmez, Allah'a şirk koşup isyan etmedi mi? Sen bunu görmedin mi?' diyor. Öğrenci 'Onun sapıklığından bize ne! Bilgisi ve yeteneği lazım bize.' deyince, hoca şöyle diyor:

"Hayret doğrusu! Ben hekimin o haline göz yumar ve ondan faydalanırsam, gece Rabbimin huzuruna nasıl çıkar ve vitir duâsında nasıl '*Sana isyan edip fasıklık yapanı hal' eder ve terkederiz.*' derim?"[48]

İşte kunût'un ve namazın, bir müminin günlük hayatını nasıl yönlendirdiğinin çok diri ve canlı bir örneği...

Her gün vitir namazı kılan ve kunût okuyan bir müminin, yoldan çıkıp günah batağına saplanmış kimselerle uzlaşması ve onlara sempati ile bakması mümkün değildir; zira kafir, zalim, fâcir ve fâsıklara karşı tavır alması, onlardan kopup ayrılması gerektiğini kunût emretmektedir. Ancak bu, onlara tebliğ yapılmayacağı, kaba ve haşin davranışlarla onların İslâm'dan ürkütüleceği anlamına gelmez. *"Onlarla en güzel bir tarzda mücadele etmek"* (16/125), müminin en temel görevidir.

Mihrab'da (Harb Alanında) Kılınan Namaz

> *Mihrab,* camide imamın namaz kıldığı yerdir. Mihrab, camideki ibadetlerin odak merkezi olup imamın şahsında tüm cemaat mihrab'a çıkar. *'Mihrab'* kelimesi, 'harb'le aynı kökten gelir. Kelime anlamı; 'savaş alanı ve mekanı' demektir. Mihrab; tâğûta, şeytana, hevâ ve hevese, azgınlaşan nefse karşı savaş verilen yerdir. Müminin, mihrabın hakkını vermesi, dünyevi eğilimlere, meşgalelere ve şeytani güçlere karşı savaş hali içinde olması demektir.

Namaz kılan bir mü'min, bir bakıma günde beş kez muharebe meydanına çıkmakta ve 'Allâhu ekber!' diyerek nefsiyle ve şeytanla kıyasıya savaşmaktadır. Zaten; ilahiaştırılmaya eğilimli olan nefisleri ayaklar altına almadan, putlaştırılan dünyaya ve onun nimetlerine karşı ahireti tercih etmeden, şeytana ve onun askerlerine karşı kin duymadan, Allah'ın dışında ilahlık ve rablık iddia eden bütün otoriteleri reddetmeden kılınan namaz beyhudedir. "Yalnızca Allah'a ibadet edeceğine ve yalnızca O'ndan yardım dileyeceğine" dair söz verdiği halde; sahte ilahlara kullukta bulunmaya, onları alkışlamaya devam eden, Allah'ın dışındaki fani varlıklardan medet bekleyen kimse havanda su dövüyor demektir.

Bu yüzden, namaz kılan her mümin; her kıyamında, rükû ve secdesinde Allah'ın düşmanlarına karşı zafer kazandığının şuurunda olmalıdır. O, yalnızca Allah'ın huzurunda divan durmakla, karşısında el ovuşturulan sahte ilahlara karşı zafer kazanmaktadır. O, yalnızca Allah'ın huzurunda eğilip rükû etmekle, karşısında iki büklüm olunan müstekbirlere karşı zafer kazanmaktadır. O, yalnızca Allah'ın huzurunda secdeye varıp toprağa yüz sürmekle, eli eteği öpülen, önünde yerlere kapanılan cibt ve tâğûtlara karşı zafer kazanmaktadır. O, yalnızca Rabbinin huzurunda huşû ile diz çöküp oturmakla, aşırı tazim edilip putlaştırılan her türlü güç ve kudret sahibine karşı zafer kazanmaktadır.

Esasen namaz, baştan sona cihad ve muharebedir; nefse, şeytana, tâğûta ve Allah düşmanlarına karşı... Zaten namaz, *'salâ'* kökünden türemiş olup 'patlama ve parlama' anlamına gelir. Dolayısıyla namazın özünde, Allah düşmanlarına karşı bir patlama ve nefret ilanı vardır.

Namazla düşünce planında mağlup edilen düşmanlar, pratik hayatta daha kolay yenilecektir. Namazda nefsini yenemeyen; nefislerin hakimiyeti esasına dayanan cahiliye düzenini nasıl mağlup edebilir? Namazda şeytanı yenemeyen; şeytanın ordularıyla nasıl başedecektir?

İşte bu açıdan bakıldığında namaz; hayatın hiçbir anında durması mümkün olmayan fikrî ve fiilî cihad için bir hazırlıktır. Namazını gerçekten ikâme eden bir mümin, cihad ve tebliğ için gerekli heyecan ve enerjiyi ancak namazda bulacaktır. Kendisini namazla yenileyecek, imanını namazla güçlendirecek, davranışlarını namazla ıslah edecek ve nihayet namazla enerjik bir İslâm inkılapçısı olacaktır.

Namazın Hayata Müdahalesine Örnek: Şuayb(a.s)'ın Namazı

Şuayb aleyhisselam, kavmini, Allah'tan başka ilah olmadığı gerçeğine ve işlemekte oldukları diğer günahların yanında en büyük cürümleri olan ekonomik vurgun ve talan düzenlerine son vermeye çağırdığı zaman, Medyen ve Eyke halkının tepkisi gerçekten ilginçti:

"'Ey Şuayb' dediler; '*Senin namazın mı sana, babalarımızın taptığı şeylerden, yahut mallarımız üzerinde dilediğimizi yapmaktan vazgeçmemizi emrediyor?"*(Hûd 11/87)

Şuayb(a.s)'ın kavminin, neden onun namazını boy hedefi haline getirdikleri üzerinde iyiden iyiye tefekkür edilmelidir. Denilebilir ki; Medyen ve Eyke halkı, onun mücadelesini, tebliğini ve hayat tarzındaki bütün değişiklikleri doğrudan *namazı* ile ilişkilendirmiş, namazdan kaynaklandığını tespit etmişlerdi.

Şuayb(a.s)'ın yürürlükte olan sömürü düzenine karşı çıkmaya başlaması ve insanları Allah'ın dinine çağırması üzerine, kavmi O'ndaki bu değişikliğin sebeplerini araştırmaya başlamıştı. Medyen ve Eykeliler, araştırmaları sonunda Şuayb'ın kendilerinden tamamen farklı bir şekilde Rabbine ibadet ettiğini; yani namaz kıldığını gördüler. Evet, onların Şuayb'da gördükleri ilk dikkat çekici özellik, huşû içinde kıldığı namazdan başka bir şey değildi. Demek ki; onu, kavmine karşı böyle davranmaya iten, işte bu namazıydı.

Gerçekten de Şuayb'ın, yoldan çıkmış olan kavmine karşı verdiği mücadelede, yegane heyecan ve güç kaynağı namazıydı. O, namazla tebliğe hazırlanıyor, namazla dinamizmini artırıyor ve enerjisini tazeliyordu. Kavminin anlayışsızlıklarına, tepkilerine ve hatta onu taşlamaya kadar varan taşkınlıklarına, sabır ve namazla direniyordu. Kavminin; 'Oysa sen yumuşak huylu ve akıllı bir insansın.' diyerek alttan almalarına, yahut 'Cemaatin olmasaydı seni muhakkak taşlardık!' gibi tehditlerine rağmen, bıkmadan, usanmadan ve namazından güç alarak mücadelesine devam ediyordu.

O halde, Şuayb(a.s)'ın namazının ortaya koyduğu gerçek şudur: Namaz, müminin pasifize olmasına, uyuşmasına ve dünyadan el etek çekmesine yol açan bir ibadet değil, aksine; onu toplumun inkarlarına, sapmalarına, çirkinliklerine, iğrençliklerine ve kötülüklerine karşı mücadeleye yönelten bir itici güçtür.

Sonuç

İslâm, insanın yalnızca Allah'a kulluk etmek için yaratıldığını beyan eder ve onu Allah'ın varlığını ve birliğini tanımaya çağırır. Kur'ân'ın *tevhid*den sonra ikinci çağrısı ise *namaz*dır; çünkü namaz; dinin direği ve olmazsa olmaz kuralıdır. Namaz; imanla küfür arasında bir perdedir ve amellerin en faziletlisidir. Namaz; cennetin anahtarı; müminin miracı ve alâmet-i fârikasıdır. Bu yüzdendir ki; '*Namazı dosdoğru kılınız!*' emri, Kur'ân'da en sık tekrarlanan emirlerdendir. Namaz, bütün yaratıkların ibadet, zikir ve tesbihlerini kendinde birleştiren; duâ, zikir, hamd, tesbih, tekbir, tevbe, istiğfar gibi kalbi ve lisani ibadetlerle kıyam, rükû, secde ve ka'de gibi fiilî ibadetleri içeren bir sentezdir.

Namaz için yapılan hazırlıklar, "tevhid eylemi" ile doğrudan ilişkili olup namazı gereği gibi eda edilebilmeye yöneliktir. Eğer bu hazırlıklar eksik ve bilinçsiz olursa, namazın da eksik ve huşûdan yoksun olma tehlikesi vardır. Şu halde, namaza hazırlanan bir mü'min abdest, örtünme, kıble'ye yöneliş ve niyet konularında oldukça titiz olmalıdır. Böylece kılacağı namaz; tekbiriyle, başlangıç duâlarıyla, şeytan'dan Allah'a sığınıp okumaya ve düşünmeye başlayacağı Kur'ân âyetleriyle, tesbihiyle, rükû ve secdeleriyle tam bir tevhid eylemi olacaktır. O, yalnızca Allah'ı büyük tanıyacak, sadece O'na kulluk edip, sadece O'ndan yardım dileyecek, yalnız ve yalnız O'nun karşısında el-pençe divan durup O'nun karşısında eğilecek ve yere kapanacaktır. Bütün bunlar; iman ettiği tevhid akidesinin teoriden pratiğe aktarılmasından ibarettir.

Şuurla ve huşû ile kılınan böyle bir namazın, mümin üzerinde elbette çok önemli etkileri olacaktır. İşte bu namaz; mümini ruhen yüceltecek onu maddi ve manevi kir ve paslardan arındıracak, her türlü kötülük ve çirkinlikten alıkoyacak, nefsin ve şeytanın tutsaklığından kurtaracak, kibir, gurur ve bencillikten uzaklaştıracaktır.

Namaz; mümininin kalbini pekiştirir, ona güç ve kuvvet kazandırır. Namaz; ömür boyu tekrarlanan bir sabır eğitimidir; mümini gerçek özgürlüğüne kavuşturan bir ruhsal devrimdir.

Namaz sadece kişiyi değil, toplumu da baştan ayağa değiştiren, tevhide doğru geliştiren bir ibadettir. O ferdî bir inkılap olduğu kadar sosyal bir inkılaptır da. Günde beş kez cemaat namazlarıyla bir araya gelen dünyevi ve maddi endişelerden uzaklaşarak aynı manevi atmosferi teneffüs eden müminler topluluğu; sürekli birbiriyle yardımlaşarak, birbirinden güç ve kuvvet alarak, birbirine hakkı ve sabrı tavsiye ederek, hep iyiye doğru ilerleyerek tevhidî çizgide bütünleşir. Camiler; müminlerin eğitim ve öğretimini, birlik ve dayanışmasını, tanışma, danışma ve organizasyonunu sağlayan mekanlardır. İslâmi hayatın merkezidir.

Ezanlar bir devrim çağrısı olarak algılandığı zaman...
namazlar bir tevhid eylemi olarak dosdoğru kılındığı zaman...
cami ve cemaatler gerçek işlevlerini yerine getirdiği zaman...
işte o zaman İslâm ümmeti yeniden dirilecek, müminler kurtulacaktır.

6. BÖLÜM

Namazın Kılınışı

Namazın Çeşitleri

İslâm fıkhında namazlar dört gruba ayrılmıştır:

1.Farz Namazlar: Akıllı ve ergenlik çağına gelmiş her Müslüman'a *beş vakit namaz* farzdır. *Cuma namazı* akıllı, ergen, hür erkeklere farz olup kadınlar da bu namaza katılabilir. *Cenaze namazı* ise farz-ı kifayedir; yani yeteri kadar mükellefe farz olan namazdır.

Akıllı ve ergenlik çağına gelmiş Müslümanlar, kitabın başında da açıklandığı üzere Allah'a kul olduklarını farz namazları kılarak ispatlarlar. Her mümine farz olan namaz, İslâm Dini'nin olmazsa olmaz şartıdır ve müminler, Hesap Günü'nde ilk olarak namazlarından sorguya çekileceklerdir. Farzın dışında kalan namazlar (vacip, sünnet ve nafileler) ise, terkedildiğinde sorguya çekilmeyi gerektirmeyen, ancak müminin Allah'a yakınlaşmasını sağlayan namazlardır.

2.Vacip Namazlar: Vitir ve *bayram* namazlarıdır. Bayram namazına kadınlar da katılabilirler.

3.Sünnet Namazlar: Beş vakit namazla beraber kılınan sünnet namazlar. (Sabah namazının farzından önce iki rekat; öğle namazının farzından önce dört, farzından sonra iki rekat; ikindinin farzından önce dört rekat; akşamın farzından sonra iki rekat; yatsının farzından önce dört, farzından sonra ikı rekattır.) İkindi ve yatsının farzından önce kılınan dört rekat sünnetlerin dışındakiler güçlü sünnetlerdir. Ramazan'da kılınan *Teravih namazı* da güçlü sünnetlerdendir.

4.Nafile Namazlar: Farz ve vacip ve sünnet namazlardan başka, Allah'a yaklaşmak için kılınan diğer namazlardır. Esasen, İslâm fıkhında, genel olarak farzların dışında kalan bütün namazlara *'nafile namaz'* denir. ('Nafile' kelimesi, dilimizde anlam kaymasına uğrayarak 'boşuna' manasına kullanılır olmuştur; oysa nafile namazlar 'gerekli olana ilave' anlamındadır. *Teheccüd namazı, Tahiyyetü'l-mescid namazı, Duha/Kuşluk namazı, Şükür namazı, İstihare namazı, İstiâne/Hâcet namazı, Tesbih namazı, Evvâbîn namazı, Küsûf ve Husûf namazı...* nafile namazlardır.

Beş Vakit Namaz

1. **Sabah namazı:** 4 rekattır. Önce iki rekat sünneti, sonra iki rekat farzı kılınır. Sünneti güçlüdür.

2. **Öğle namazı:** 10 rekattır. Önce dört rekat ilk sünneti, sonra dört rekat farzı, sonra da iki rekat son sünneti kılınır. Sünnetleri kuvvetlidir.

3. **İkindi namazı:** 8 rekattır. Önce dört rekat sünneti, sonra da dört rekat farzı kılınır. Sünneti devamlı kılınan sünnetlerden değildir.

4. **Akşam namazı:** 5 rekattır. Önce üç rekat farzı, sonra da iki rekat sünneti kılınır. Sünneti güçlü sünnetlerdendir.

5. **Yatsı namazı:** 10 rekattır. (Vitir genelde yatsı ile kılındığı için 13 rekat sayılır.) Önce dört rekat sünneti, sonra dört rekat farzı, sonra iki rekat sünneti kılınır. Üç rekatlık vitir namazı vacip olup yatsı bittikten sonra kılınır. İlk sünneti ikindinin sünneti gibidir, son sünneti ise güçlüdür.

Beş vakit namazın farz, vacip ve sünnetleri aşağıdaki şemada gösterilmiştir.

Namaz Rekatları Şeması

Vakit	İlk Sünnet	Farz	Son Sünnet	Vitir	Toplam
Sabah	2	2	-	-	4
Öğle	4	4	2	-	10
İkindi	4	4	-	-	8
Akşam	-	3	2	-	5
Yatsı	4	4	2	3	13

Namazın Vakitleri

Sabah namazı: Sabah tan yerinin ağarmaya başlamasından, güneşin doğmasına kadar olan zamandır.

Öğle namazı: Güneş tam tepemize gelip, gölge doğu tarafına uzanmaya başladığı vakitten itibaren her şeyin gölgesi bir veya iki misli oluncaya kadar devam eden zamandır.

İkindi namazı: Öğle namazı vaktinin bitiminden güneş batıncaya kadar olan zamandır.

Akşam namazı: Güneş battıktan sonra başlayıp güneşin battığı yerde meydana gelen kızıllık kayboluncaya kadar olan zamandır.

Yatsı namazı: Akşam namazının vakti çıktıktan sonra başlayıp sabah namazının vakti girinceye kadar devam eden zamandır. (*Vitir namazı*, yatsı kılındıktan sonra kılınır.)

Cuma namazı: Cuma günü öğle namazının vaktinde kılınır.

Teravih namazı: Ramazan ayında yatsı namazının vaktinde kılınır.

Bayram namazı: Bayram günleri sabahleyin güneşin doğuşundan yaklaşık 50 dakika geçtikten sonra başlayıp güneşin tepe noktasına gelmesine kadar devam eden zamandır.

Her namazın kılınma vakti, kendi vakti girdiğinde başlar, bir sonraki namaz vaktine kadar devam eder. Vakti girmeyen namaz kılınmaz; namazları vakti girdiğinde kılmak iyidir.
Güneş doğarken, tepe noktasında iken, batarken hiçbir namaz kılınmaz.

Namazın Farzları

İslâm fıkhında namazın farzları 12'dir. Bunlardan 6'sı namazın dışında olup bunlara "**namazın şartları**" denir; 6'sı da namazın içinde olup bunlara da "**namazın rükünleri**" denir. Namazın sahih olması için 12 farz eksiksiz yerine getirilmelidir.

Namazın Şartları

1) Hadesten taharet: Hades denilen manevî kirden arınmak için abdest almak, gerekli hallerde gusül yapmak.

2) Necasetten taharet: Namaz kılacak kişinin bedeninde, elbisesinde, namaz kılacağı yerde pislik varsa bunları temizlemek.

3) Setr-i avret: Namaz kılacak kişinin vücudunda örtünmesi gereken yerleri örtmesi. (**Erkeklerin,** göbek ile diz kapağı arasını (dizkapağı dahil); **kadınların** ise, yüz, el ve ayaklardan başka vücudunun her tarafını örtmeleri gerekir.)

4) İstikbal-i kıble: Namazda kıbleye yani Mekke'deki kutsal Kâbe'ye dönmek.

5) Vakit: Namazları kendi vakitleri içinde kılmak. Vakti gelmeden bir namazı kılmak caiz değildir.

6) Niyet: Hangi namazı kıldığını bilmek ve kalbinden niyet etmek. Niyet dil ile de ifade edilir.

Namazın Rükünleri

1) İftitah tekbiri: Namaza başlarken tekbir almak.

2) Kıyam: Namazda ayakta durmak.

3) Kıraat: Namazda ayakta iken biraz Kur'an okumak.

4) Rükû': Namazda eller diz kapağına erişecek kadar eğilmek.

5) Sücûd: Rükû'dan sonra ayaklar, dizler ve ellerle beraber alnı yere koymak.

6) **Ka'de-i âhire:** Namazın sonunda "et-Tahiyyâtü" okuyacak kadar oturmak.

Namaz Nasıl Kılınır?

Cenaze ve Bayram namazları dışındaki namazların kılınışı aynıdır ve aşağıda maddeler halinde tarif edildiği gibidir:

1- Önce abdest alınır, temiz bir yer seçilir ve elbisemizin temiz olmasına özen gösterilir.

2- Kıbleye dönülür.

3- Hangi vaktin namazını kılıyorsak, o vakit için kalben niyet edilir ve bu niyet dil ile de ifade edilir. (Namaz kılan imam ise 'bu cemaate imam olarak...', cemaat ise imama uyarak, yalnız başına kılıyorsa "Allah için ..... vaktin farzını veya sünnetini kılmaya niyet ettim!" der.)

4- Eller, açık ve kıbleye dönük olarak omuz hizasına kaldırılır, 'Allâhu ekber' denilerek indirilir. Buna *iftitah/başlangıç tekbiri* denir. Mâlikî ve Şii mezheplerinde eller yanlara salıverilir; diğer mezheplerde göğsün altında, sağ el sol elin üstünde bağlanmış olarak durulur.

-Artık namaz başlamıştır; başkalarıyla konuşulmaz, secde edilecek yerden bir başka yere bakılmaz, namazın ciddiyetiyle bağdaşmayan bir harekette bulunulmaz.

-Her rükûa giderken, her secdeye varıp kalkarken ve her tahiyyata oturup kalkarken '*Allâhu ekber!*' denilir.

5- Başlangıç tekbiri ile başlayan namazda ilk önce '*Sübhâneke*' duâsı okunur. Bu sünnettir.

6- Sonra *"e'ûzü billahi mine'ş-şeytani'r-racîm"*, *"bismi'llâhi'r-Rahmâni'r-Rahîm"* diyerek Fatiha suresi okunur. Fatiha okumak farzdır.

7- Fatiha'dan sonra Kur'ân'dan bir sûre (zamm-ı sûre) veya

birkaç âyet okunur.

(Bütün bunlar alçak sesle, kendi işiteceği kadar bir sesle okunur. İmam yalnız sabah, akşam ve yatsı namazlarının ilk iki rekatında, cuma ve bayram namazlarında Kur'ân'ı açıktan okur. Cemaat, sadece duâları okur; Fatiha ve zamm-ı sûreyi okumaz, imamı dinler.)

8- Kur'ân'ın okunması bittikten sonra '*Allâhu ekber*' denilerek *rükû*a varılır; yani vücut öne eğilir, kollar bükülmemek, sırt da dümdüz olmak şartıyla eller dizlerin üzerine konulur. Üç kere '*Sübhâne Rabbiye'l-Azîm.*' denilir. (Veya diğer rükû duâları okunur.)

9- Sonra dimdik doğrulunur ve eller bağlanmayıp iki tarafa salınarak; '*Semi'Allâhu li-men-hamideh, Rabbenâ leke'l-hamd*' denilir.

10- Sonra yine '*Allâhu ekber!*' denilerek yere diz çöküp alın ile burun iki elin arasında yere konularak ve ayaklar parmakları üzerine dikilerek secde edilir. Bu vaziyette üç kere '*Sübhâne Rabbiye'l-A'lâ*' denilir. (Veya diğer secde duâları okunur.)

11- Sonra '*Allâhu ekber!*' denilerek sağ ayak topuğu yukarıda, parmaklar ileri bükülmüş olduğu halde sol ayağın üzerine oturulur. (İki secde arasında Allah'tan rahmet ve mağfiret dileyen duâlar okunabilir.) Sonra yine '*Allâhu ekber!*' denilerek ikinci defa secdeye gidilir ve bu vaziyette tekrar üç kere '*Sübhâne Rabbiye'l-A'lâ*' denilir.

-Bütün bu ayakta durma (kıyam), rükû ve iki secde; *bir* ***rekat***ı teşkil eder.

12- İkinci rekat için tekrar '*Allâhu ekber!*' denilerek ayağa kalkıldığında, bu kez besmele çekilip Fatiha okunarak başlanılır, arkasından bir zamm-ı sure okunur.

13- Sonra yukarıda açıklandığı gibi rükû ve secdelere gidildikten sonra sol ayağın üzerinde *tahiyyat*a oturulur ve '*et-Tahiyyâtü*' okunur.

14- Sabah namazı -keza cuma ve bayram namazları- iki rekat olduğundan, 'et-Tahiyyâtü' okunduktan sonra *'Allâhümme salli'*, *'Allâhümme bârik'* ve *'Rabbenâ âtinâ'* duâları okunur.

15- Böylece namaz biter ve yüz önce sağa çevrilerek selam verilir, sonra da sola çevrilerek selam verilir; '*es-Selâmü 'aleyküm ve rahmetullah*' denir.

- Eğer namaz iki rekattan fazla ise, 'et-Tahiyyâtü' okunduktan sonra tekrar ayağa kalkılır. (İkindinin ve yatsının dörtlü sünnetleri ile Teravih namazında ayağa kaikmadan 'salli' ve 'bârik' duâları; üçüncü rekata kalkınca ise 'sübhaneke' duâsı da okunur) Üçüncü rekatta önce Fatiha okunur. Farz namazlarda üçüncü ve dördüncü rekatlarda zamm-ı sure okunmaz, sünnet kılınıyorsa zamm-ı sûreler okunur. Sonra rükû ve secdeler yapılır. Eğer namaz üç rekat ise (aksam gibi) tahiyyâta oturulur; dört rekat ise tahiyyâta oturulmadan dördüncü rekat da kılınır ve sonra tahiyyâta oturulur. et-Tahiyyâtü ve diğer duâlar okunduktan sonra selam verilir.

- Akşam namazının ve vitrin üçüncü rekatları tek olarak kılınır. Vitrin üçüncü rekatında 'Fâtiha' ve zamm-ı sûreden sonra eller salıverilip tekrar başta olduğu gibi tekbir alındıktan sonra 'kunût' duâsı okunur.

Resimlerle Namazın Kılınışı

Aşağıda, iki rek'at namazın kılınışı, erkek ve kadınların farklı hareketleri belirtilerek resimlerle anlatılmıştır.

Birinci Rek'at:

1) Ayakların arası açık ve parmak uçları kıbleye doğru gelecek şekilde ayakta kıbleye dönülür.

2) Hangi vaktin namazı kılınıyorsa, o vakit için kalben niyet edilir ve bu niyet dil ile de ifade edilir.

3) "Allahü Ekber" diyerek iftitah tekbiri alınır.

Resim 1: **Erkekler** tekbir alırken; eller açık ve kıbleye dönük olarak, başparmaklar kulak yumuşağı hizasına gelecek şekilde yukarıya kaldırılır.

Resim 2: **Kadınlar** tekbir alırken; eller açık ve kıbleye dönük olarak, parmak uçları omuz hizasına gelecek şekilde yukarıya kaldırır.

Resim 3: **Erkekler,** sağ elin avucu, sol elin üzerinde ve sol elin bileğini kavramış olarak ellerini göbek altında bağlarlar.

Resim 4: **Kadınlar,** sağ el sol elin üzerinde olacak şekilde ellerini göğüs üstüne koyarlar. (Sağ elleri ile sol elin bileğini kavramazlar.)

Kıyam:

4) Tekbirden sonra eller bağlanır. Ayakta iken secde edilecek yere bakılır. Ayakta sırasıyla; Sübhâneke duası, 'Eûzü-besmele', Fatiha sûresi ve Kur'an'dan başka bir sûre (zamm-ı sûre) daha okunur.

Rükû:

5) "Allahü Ekber" diyerek rükûa varılır ve üç defa "Sübhâne Rabbiye'l-azim" denilir. Rükû'da da gözler yerde olur.

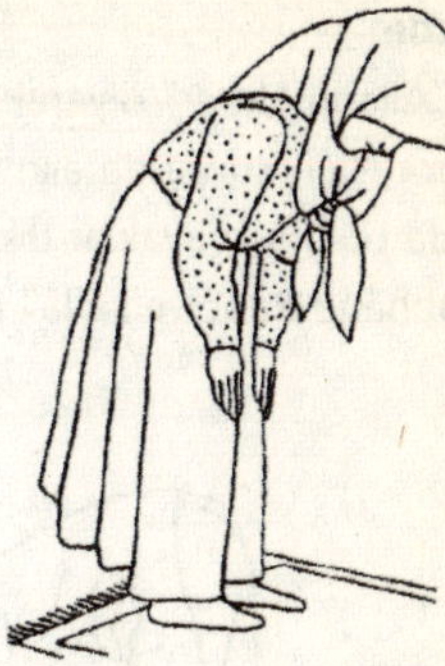

Resim 3: **Erkekler**, rükûda, parmakları açık olarak elleri ile dizlerini tutup sırtını dümdüz yaparlar. Dizlerini ve dirseklerini dik tutarlar.

Resim 4: **Kadınlar**, rükûda, sırtlarını biraz meyilli tutarak erkeklerden daha az eğilirler. Ellerini dizleri üzerine koyar, dizlerini biraz bükük bulundururlar.

Rükûdan Kalkış:

6) "Semi'allâhü limen hamideh" diyerek rükûdan kalkılır ve ayakta "Rabbenâ leke'l-hamd" denilir.

Resim 7: **Erkeklerin**, rükûdan kalkıp doğrulması

Resim 8: **Kadınların**, rükûdan kalkıp doğrulması

Secde:

7) "Allahü Ekber" diyerek secdeye varılır. Secdeye inerken önce dizler, sonra eller, sonra da alın ve burun yere konur. Secdede baş iki elin arasında bulunur; ayaklar dik tutulur, yerden kaldırılmaz. Burada üç kere "Sübhâne Rabbiye'l-â'lâ" denilir.

Resim 9: Erkekler, secdede kollarını yerden kalkık ve yanlarından uzak bulundururlar. Ayaklar dik tutulur ve parmak uçları kıbleye dönük şekilde yere konur.

Resim 10: Kadınlar, secdede kollarını yanlarına bitişik halde bulundururlar. Ayaklar dik tutulur ve parmak uçları kıbleye dönük şekilde yere konur.

İki Secde Arası Oturuş:

8) "Allahü Ekber" diyerek baş secdeden kaldırılıp diz üstü oturulur. Otururken, parmaklar dizlerin hizasına gelecek şekilde eller uylukların üzerine konur ve kucağa bakılır. Burada "Sübhânellah" diyecek kadar kısa bir an oturulur.

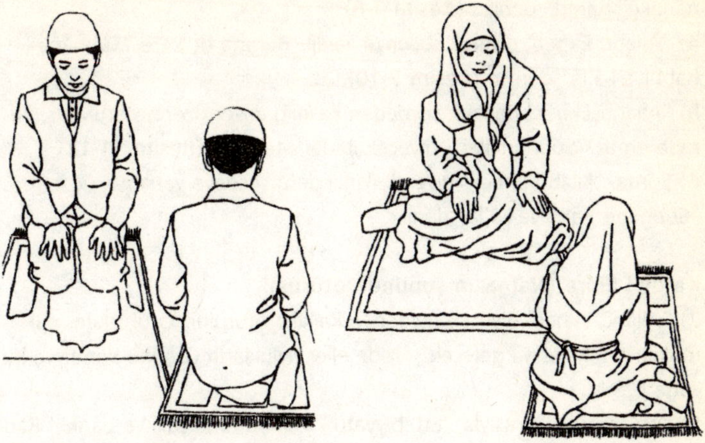

Resim 11: Erkekler, sağ ayaklarını, parmakları kıbleye yönelmiş durumda dik tutarak sol ayakları üzerine otururlar.

Resim 12: Kadınlar, ayaklarını yatık olarak sağ tarafına çıkarır ve öylece otururlar.

9) "Allahü Ekber" diyerek ikinci defa secdeye varılır ve üç defa "Sübhâne Rabbiye'l-â'lâ" denilir.

10) "Allahü Ekber" diyerek secdeden ayağa (ikinci rekata) kalkılır ve eller bağlanır. **(Resim: 3-4)**

İftitah tekbirinden itibaren buraya kadar yapılanlara *"bir rek'at"* denir.

İkinci Rek'at:

1) Ayakta sırasıyla; 'Besmele' çekilir, Fatiha sûresi ve Kur'an'dan başka bir sûre daha okunur.
2) Birinci rekatta olduğu gibi "Allahü Ekber" diyerek rükûa varılır ve üç kere "Sübhâne Rabbiye'l-azim" denilir. **(Resim: 5-6)**
3) "Semiallâhü limen-hamideh" diyerek ayağa kalkılır ve ayakta "Rabbe-

nâ leke'l-hamd" denilir. **(Resim 7-8)**

4) "Allahü Ekber" diyerek secdeye varılır. Burada üç kere "Sübhâne Rabbiye'l-â'lâ" denilir. **(Resim 9-10)**

5) "Allahü Ekber" diyerek secdeden kalkılıp dizler üzerine oturulur. Burada en az "Sübhânellah" diyecek kadar oturulur. **(Resim 11-12)**

6) Sonra "Allahü Ekber" diyerek ikinci defa secdeye varılır ve üç kere "Sübhâne Rabbiye'l-â'lâ" denilir.

Ka'de-i âhire (Namazın sonunda oturuş):

7) "Allahü Ekber" diyerek secdeden kalkılıp oturulur. Otururken, parmaklar diz hizasına gelecek şekilde eller uylukların üzerine konur ve kucağa bakılır.

8) Son oturuşta sırasıyla; 'Ettehiyyatü', 'Allahümme salli ve bârik', 'Rabbenâ âtina'... duaları okunur.

Erkekler, sol ayaklarını yere yayıp üzerine oturur, sağ ayaklarını da parmakları kıbleye dönük olarak dik tutarlar. **(Resim 11)**

Kadınlar, ayaklarını yatık olarak sağ tarafa çıkarır ve öylece otururlar. **(Resim 12)**

Sağ tarafa selâm verilişi:

9) Önce baş sağa çevrilerek "Esselâmü aleyküm ve rahmetullâh" denilir.

Resim 13: Erkeklerin, sağ tarafa selâm verişi.

Resim 14: Kadınların, sağ tarafa selâm verişi.

Sol tarafa selâm verilişi:

10) Sonra da baş sola çevrilerek "Esselâmü aleyküm ve rahmetullâh" denilir.

Böylece iki rek'at namaz tamamlanmış olur.

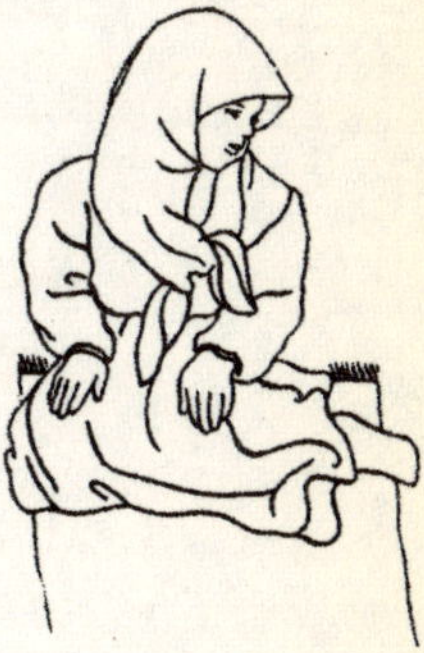

Resim 15: Erkeklerin, sol tarafa selâm verişi.

Resim 16: Kadınların, sol tarafa selâm verişi.

DUA

Dua ederken, eller göğüs hizasına kaldırılır. Eller göğe doğru açık tutulur.

Dipnotlar

1 Buhari, İbn Mâce.
2 Buharî, Müslim.
3 Buhârî, Zekat, 96.
4 Buhârî, Namaz Vakitleri, 6.
5 Tirmizî, 2623; Nesaî, 1/231; İbn Mâce, 1079.
6 Müslim, İman, H. 134.
7 *el-Müntekâ*, c. 1, s. 188.
8 İbn Mâce, 4034.
9 *Hadîslerle Müslümanlık*, s.1432.
10 Buharî, Müslim.
11 İmam Gazali, *İhyâ*, c.1., s.399.
12 E.Hamdi Yazır, Hak Dini-Kur'ân Dili, Fatiha 1.
13 Said Nursi, Sözler, s.37.
14 Müslim, 2702.
15 Tirmizi, Tefsir, h. 3148; İbn Mâce, Duâ, h. 1.
16 E.H.Yazır, *a.g.e.*, Tevbe 9/114 tefsiri.
17 E.H. Yazır, *a.g.e.*, Mü'minûn 23/1-2 tefsiri.
18 Süleyman Ateş, *Kur'ân Meâli*, s.405.
19 E.H.Yazır, *a.g.e.*, 3/2381.

20 Buharî, Ezan, 18/60.
21 Tirmizi, Duâ, 3819.
22 İmam Rabbani, *Mektûbât*, c.I, s.72.
23 İbnü'l-Kayyım el-Cevzi, *Zâd'ül-Meâd*, c.I, s.139-140.
24 *Tâc*, c. I, h.no: 456.
25 İbn'ül-Kayyım el-Cevzî, *a.g.e.*, c. I, s. 143.
26 Gazali, *Ihyâ*, c.1, s.410.
27 Said Nursî, *Sözler*, s. 11.
28 Gazali, *İhyâ*, c.I, s.799-800.
29 İbn Teymiyye, *el-Müntekâ*, c. I, s. 378, h. 887.
30 *Hadislerle Müslümanlık*, c. IV, s. 1479.
31 E.H.Yazır, *a.g.e.*, c. I, s. 497.
32 Gazali, *İhyâ* c.I, s.399 (Beyhakî).
33 Gazâlî, *İhyâ*, c.I, s.441.
34 İmam Malik, *Muvatta*, I/98.
35 Gazali, *İhyâ*, c.I, s. 410.
36 el-Albânî, *Sıfâtu Salât'in-Nebiy*, s. 70.
37 Gazali, *İhyâ*, c.I, s. 410.
38 Nesaî, Salât, 7.
39 Seyyid Kutub, *Fî Zılâl'il-Kur'ân*, Bakara 2/153.
40 Ebû'l-A'lâ el-Mevdûdî, *Tefhimü'l-Kur'ân*, Müzzemmil 73/1-7.
41 Buhârî, Ezan, 30; Müslim, Salât, 272.
42 İbn Kayyım el-Cevzi, *Zâdü'l-Meâd*, c.1, s. 253, 292.
43 Buhârî, Kitâb'ul-Iydeyn, 29; Müslim, Salât'il-Iydeyn, 890.
44 M.Hamîdullah, *İslâm Müesseselerine Giriş*, s. 73-84.
45 M. Yusuf Kandehlevî, *Hadislerle Müslümanlık*, c. II, s. 617, 618.
46 S.Sâbık, *Fıkh'us-Sünne*, c.I, s.207.
47 A.g.e, s.207.
48 Nedvî, *Dört Rükün*, s. 61.

Kaynaklar

Zebidî, *Sahîh-i Buhârî Muhtasarı, Tecrîd-i Sarih Tercemesi*, çev. Ahmed Naim, D.İ.B. Yay., Ankara, 1976.

Sahîh-i Buhârî ve Tercemesi, çev. Mehmet Sofuoğlu, Ötüken Yay., İst., 1987.

Ebu'l-Hasan Ali el-Hasenî en-Nedvî, *Dört Rükun*, çev. İsmet Ersöz, İslâmi Neşriyat Yay., Konya, 1977.

İmam Nevevî, *el-Ezkâr*, çev. Abdülhâlik Duran, İslâmi Neşriyat Yay., Konya, 1982.

Sünen-i Ebî Dâvud Terceme ve şerhi, çev. Mehmet Savaş, şamil Yay., İst., 1987.

Seyyid Kutub, *Fî-Zılâl'il-Kur'ân*, çev. Bekir Karlığa, M. Emin Saraç, İ.H. Şengüler; Hikmet Yay., İst., 1972.

Seyyid Sabık, *Fıkh'us-Sünne*, çev. Ahmet Sarıoğlu, Tayyar Tekin, Pınar Yay., İst., 1986.

Ali şeriati, *Hacc*; çev. Fatih Selim, Birr Yay., İst., 1985.

M. Yûsuf Kandehlevî, *Hadîslerle Müslümanlık (Hayâtu's-Sahabe)*, çev. A. Büyükçınar, Ö. Tekin, Ö.F. Harman, Kalem Yay., İst., 1978.

Elmalılı Muhammed Hamdi Yazır, *Hak Dini Kur'ân Dili*, Diyanet İşl. Yay., İst., 1936.

Yûsuf el-Kardâvî, *İslâm'da İbadet*, çev. Hüsameddin Cemal, Çığır Yay., İst., 1974.

Muhammed Hamîdullah, *İslâm Peygamberi*, çev. Said Mutlu-Salih Tuğ, İrfan Yay., İst., 1969.

İbn Teymiyye, *İman Üzerine*, çev. Salih Uçan, Pınar Yay., İst., 1985.

İmam Gazâlî, *İhyâu Ulûm'id-Din*, çev. Ahmet Serdaroğlu, Bedir Yay., İst., 1974.

Muhammed Hamîdullah, *İslâm Müesseselerine Giriş*, çev. İhsan Süreyya Sırma, Birr Yay., İst., 1984.

Doç. Dr. İbrahim Canan, *Kütüb-i Sitte Muhtasarı, Tercüme ve Şerhi*, Akçağ Yay., Ank., 1988.

İbn Teymiyye, *Kulluk*, çev. İ. Dal, İhya Yay., İstanbul, 1985.

Ebu'l-Ala el-Mevdûdî, *Kur'ân'a Göre Dört Terim*, çev. Osman Cilacı-İsmail Kaya, Beyan Yay., İst., 1982.

İmam Rabbânî, *Mektubât*, çev. Abdulkadir Akçiçek, Cümle Yay., İst.

M. Fuad Abdülbaki, *el-Mu'cem'ül-Müfehres li-Elfâz'il-Kur'ân*, Mektebet'ül-İslâmiye, İst., 1984.

İmam Malik, *Muvatta*, çev. A. Büyükçınar, Y. Erol, A. Arpa, D. Pusmaz, A. Yücel, Al-Tuğ Yay., İst., 1982

Sahîh-i Müslim ve Tercemesi, çev. Mehmet Sofuoğlu, İrfan Yay., İst., 1988.

Râgıb el-Isfahânî, *el-Müfredât fi Garîb'il-Kur'ân*, Kahraman Yay., İst., 1986.

İbn Teymiyye, *el-Müntekaâ min-Ahbâr'il-Mustafâ*, Riyad,1983, H. 1403.

Sünen-ün-Nesaî, çev. A. Büyükçınar, A. Tekin, Ö.F. Harman, Y. Erol, Kalem Yay., İst., 1981.

Muhyiddin-i Nevevî, *Riyâz'us- Sâlihîn ve Tercemesi*, çev. K. Burslan, H. Hüsnü Erdem, D.İ.B. Yay., Ank., 1980.

Said Nursi, *Sözler*, Sözler Yay., İst., 1979.

M. Nâsırüddîn el-Albânî, *Sıfâtu Salât'in-Nebiy*, Mektebet'ül-İslâmi, Şam, 1983.

Sünen-i İbn Mâce Tercemesi ve şerhi, çev. Haydar Hatiboğlu. Kahraman Yay., İst., 1982.

Sünen-i Tirmizî Tercemesi, çev. O. Zeki Mollamehmetoğlu, Yunus Emre Yay., İst.

Ebul-A'lâ el-Mevdûdî, *Tefhîm'ül-Kur'ân*, İnsan Yay., İst., 1986.

İbn Kayyım el-Cevziyye, *Zâd'ül-Meâd*, çev. Abdi Keskinsoy, İbrahim Türklü, Pınar Yay., İst., 1989.

Genç Öncüler Kitaplığı

Abdullah Yıldız Kitaplığı